Título original: *Mircea Eliade e la Guardia di Ferro*
© Edizioni all'Insegna del Veltro, 1989.
© Claudio Mutti, 1989.
Excepto o prólogo
© Jordi Garriga, 2010.
© Ediciones Nueva Republica, 2010.

Tradução: Antagonista Sociedade Editora, Lda.
Grafismo e paginação: www.hekiw.pt.vu

ISBN: 978-989-8336-08-8
Depósito legal:

© Antagonista Sociedade Editora, 2010
http://antagonistaeditora.blogspot.com
antagonistaeditora@gmail.com

Impresso na União Europeia por Publidisa.

Claudio Mutti

Mircea Eliade
e a Guarda de Ferro

Índice

Prólogo

A Dupla Infâmia.
Uma Introdução a "Mircea Eliade e a Guarda de Ferro"

Jordi Garriga

Mircea Eliade em 1928

A Legião

Desde que no ano 1054 se separaram as Igrejas cristãs oriental e ocidental, ou seja, católica e ortodoxa, que as suas diferenças fundamentais são plenamente tangenciais: a autoridade de um chefe central só nos católicos, o não-celibato dos sacerdotes ortodoxos, e pouca coisa mais à parte dos ritos externos.

Sem embargo, há uma diferença que me parece fundamental e que não é de pouca monta: os cristãos orientais fazem finca-pé no sentido comunitário da religião, algo muito próximo às nossas antigas religiões pagãs, enquanto que os ocidentais (justo é dizer sobretudo os protestantes) têm muito presente o conceito de salvação individual. Fácil é deduzir daí a moderna tendência individualista, que entre outras coisas proclama o êxito pessoal como uma coisa boa e um exemplo para todos. Pelo contrário, os ortodoxos dizem: "Um indivíduo sozinho pode ser condenado, mas se alguém se puder salvar é juntamente com os demais". A salvação entendida como uma obra de toda a comunidade, de toda nação. Dentro deste universo mental nasceu a Legião do Arcanjo Miguel, a Guarda de Ferro.

E para falar da história da Legião do Arcanjo Miguel é imprescindível começar pelo seu fundador, Corneliu Zelea Codreanu. Recém acabada a Primeira Guerra Mundial, a Roménia tinha praticamente duplicado o seu território graças à destruição do Império Austro-Húngaro, planificada pelos aliados para eliminar as ameaças de poderosos concorrentes continentais no futuro. A Roménia absorveu igualmente importantes minorias alemãs, húngaras, eslavas e judaicas, o que, juntamente com outros problemas, abriu as portas a uma situação muito instável.

É nessa atmosfera que em 1919 se reúnem vinte estudantes liceais no bosque de Dobrina, entre eles Codreanu, numa conjura, visando uma Roménia livre. Militando primeiro na "Guarda da Consciência Nacional"[1], e posteriormente na "Liga Cristã de Defesa Nacional" em 1923, sob as ordens do líder nacionalista Cuza, vai germinando o seu ideal, um ideal distanciado das complacências aburguesadas dos nacional-cristãos. Uma prova disso é a greve de estudantes convocada pela Liga nesse mesmo ano de 1923, embora tivesse sido um êxito, ao ver que os seus resultados eram praticamente nulos, Codreanu decidiu desconvocá-la e junto com outros seis companheiros resolveu assassinar aqueles a quem consideravam responsáveis pela situação do país: seis ministros do governo, os rabinos de Bucareste, três banqueiros e três directores de jornais. O complot é descoberto graças à traição de um dos integrantes do grupo. O próprio Mota (que mais tarde cairia lutando na Guerra Civil Espanhola) acabaria com a vida do traidor. O resto do grupo seria absolvido das acusações.

Durante os anos 20, a popularidade de Codreanu cresce imparavelmente, devido às suas iniciativas políticas e sociais. A 24 de Junho de 1927 funda a Legião do Arcanjo Miguel, depois de ter abandonado a Liga devido a discrepâncias em várias posições. Em Abril de 1930 funda o braço político-militar da Legião, a Guarda de Ferro[2]. Contudo, no ano seguinte, a 11 de Janeiro de 1931, o rei da Roménia, Carol II, ilegaliza as duas organizações e Codreanu vê-se obrigado a apresentar

---

1) Em 1920, Codreanu foi expulso da universidade pelas suas actividades.

2) Para saber mais sobre a Guarda de Ferro, ver "Guarda de Ferro", e "Manual do Chefe" editados por Nothung nos anos 70 e 80 em Barcelona. Em 2003 as Ediciones Nueva Republica publicaram o livro "Dois Movimentos Nacionais" de Horia Sima, onde se podem encontrar mais dados sobre a sua ideologia.

a sua candidatura às eleições desse ano como "Grupo Corneliu Z. Codreanu", com o famoso símbolo das seis linhas cruzadas como as grades da janela de uma cela. Finalmente consegue representação parlamentar.

Em 1933 voltam a ser ilegalizados, depois de uma violenta campanha de perseguição por parte do governo. A 29 de Dezembro desse ano, um grupo de legionários[3] assassina o primeiro-ministro Duca, fiéis à tradição legionária, acto contínuo entregam-se à polícia, pois consideram que não são um bando de malfeitores, antes, a todo o momento, hão-de dar provas de que querem sacrificar-se verdadeiramente pela pátria. Terão ocasião durante a década de 30 para o demonstrar.

A 21 de Fevereiro de 1938 o rei Carol II amplia a sua ditadura e dissolve o parlamento, cria uma nova constituição e assume todos os poderes pessoalmente, incluindo o judicial. Perante essa situação, Codreanu dissolve o partido "Totul Pentru Tara"[4] para pôr a salvo todos os seus militantes. Aconselham-no a ir para Itália ou para a Alemanha, mas decide permanecer junto dos seus. A 17 de Abril é detido numa rusga massiva de centenas de legionários. Condenado a 10 anos de encarceramento, será assassinado por ordem expressa do rei, conjuntamente com treze dos seus legionários[5]. Foram retirados da prisão pela polícia secreta e estrangulados com arames, posteriormente dispararam sobre eles e enterraram-nos com cal numa prisão militar nos arrabaldes de Bucareste. Foi a sinistra noite de 29 para 30 de Novembro[6].

O novo chefe da Legião, Horia Sima, preparou uma

---

3) Os chamados Nicadori, com base nas iniciais dos seus nomes.

4) "Tudo Pela Pátria", fachada eleitoral da Guarda de Ferro.

5) Os dez "decenviros" que assassinaram um traidor, e os três "nicadori" dos quais já falámos. Destaque-se a devoção que se tinha na Legião pelo número 13.

6) Segundo o folclore romeno, há duas noites em que os vampiros estão especialmente activos: o 23 de Abril, São Jorge, e o 30 de Novembro, Santo André.

insurreição, mas fracassou. A 6 de Janeiro ele e outros dirigentes tiveram que fugir da Roménia, a maioria rumo à Alemanha. Contudo, manteve-se uma estrutura de base, clandestina, que continuou a operar e a promover uma luta armada de pequena escala. Como exemplo disso, o principal responsável pela desarticulação da Legião, o primeiro-ministro Armand Calinesco[7], foi assassinado poucos meses depois por atiradores. Os culpados entregaram-se em seguida, sendo imediatamente fuzilados e pendurados em postes de iluminação no centro de Bucareste.

____

7) No momento do assassinato de Codreanu, Calinescu era ministro do Interior.

Mircea Eliade

O panorama da Legião durante os anos 30 parece marcado pela violência, mas foi uma violência imposta pelas circunstâncias. Foi o terceiro movimento fascista mais popular da Europa, a seguir aos alemães e aos húngaros. Em 1937 alcançou o auge da sua popularidade, obtendo 15,58% dos votos nas eleições de Dezembro, sem embargo, "Eugen Cristescu, o na altura chefe da polícia romena, declararia que o TPT tinha obtido cerca de 800.000 votos, quer isto dizer, mais de 25% do voto popular"[8]. O que quer dizer que a Legião trazia para o seu combate algo mais do que a violência: toda uma doutrina, todo um estilo.

O estilo, a ideologia, encarnavam-se sobretudo nos estudantes universitários, que representavam a ponta de lança do movimento, a sua vanguarda mais aguerrida. Ao mesmo tempo eram estes que articulavam o discurso legionário de salvação nacional e social. Quem redigia as publicações, escrevia livros, fazendo simultaneamente parte dos campos de trabalho e laborando lado a lado com os mais humildes. Entre eles estiveram Emil Cioran e Mircea Eliade.

O caso de Emil Cioran é sintomático: nascido em 1911 na Transilvânia, nos anos 30 vestiu a camisa verde da Legião e de 1934 a 1940 publicou diversos livros e artigos[9] de tendência claramente fascista, na sua vertente mais nacional-revolucionária. Viveu em Paris desde 1937 até à sua morte em 1995, se bem que nunca se tenha naturalizado francês. Em 1989 foi nomeado membro honorário da União dos Escritores Romenos.

---

8) Santley G. Payne, *Historia del Fascismo*, Ed. Planeta, Barcelona, 1995, p. 355.
9) Principalmente no jornal *Vremea*.

Até aqui tudo mais ou menos normal: Cioran viveu numa época e num país em que se tinha que tomar partido, e fê-lo.

O que resulta degradante é a atitude do meio que o rodeava: mal Cioran tinha morrido e já se iniciava uma campanha na imprensa francesa, com artigos e livros, na qual era violentamente desqualificado, afirmando-se que na realidade toda a sua extensa obra literária estava sob suspeita, já que poderia esconder ideias perigosas. Esta campanha era orquestrada, por um lado, por escritores romenos que tinham feito carreira sob o comunismo. E se o alvo é alguém que não se pode defender, melhor. Por outro, por certos "intelectuais" profissionais.

Horia Sima

E o curioso é que muitos anos antes Cioran tinha declarado o seu afastamento das teses que defendeu nos anos 30.

E há ainda os que se empenham em guardar esqueletos nos armários. Estou a falar daquela gentinha de direita para as quais é primordial apagar o "pecado fascista" a todo o custo, negar os vínculos de certas personalidades que admiram, não podendo permitir que semelhante pecado empane o brilho da sua obra. Aquela direita que se lançou nos braços do fascismo e que logo não hesitou em apunhalá-lo pelas costas, não hesita em relativizar e inclusive falsear a biografia do melhor historiador das religiões de todos os tempos.

Eliade nasceu a 9 de Março de 1907 em Bucareste. Estudou filosofia e licenciou-se com uma tese sobre a filosofia do Renascimento em Itália. Posteriormente viajará até à Índia, estudando aí as suas tradições, história e pensamento. Nos anos 30 será professor em Bucareste e em 1940 o governo romeno enviá-lo-á para o estrangeiro como adido cultural, primeiro para Londres e de seguida para Lisboa.

Depois da Segunda Guerra Mundial estabelecer-se-á em Paris, onde ensinará até 1957, quando é nomeado catedrático da História das Religiões pela Universidade de Chicago. Aí viverá até à sua morte, até 22 de Abril de 1986. Este é o seu perfil biográfico.

É considerado como o principal historiador das religiões, elaborou trabalhos comparativos e aprofundou a pesquisa do factor religioso como principal motor do ser humano. Procurou "a filosofia anterior à filosofia", nas tradições, nos sonhos, no misticismo, nos êxtases, nas visões... na Índia praticou ioga e aprendeu sânscrito, podendo pois ler directamente os principais textos sagrados do hinduísmo. As obras de Eliade serviram também para alimentar as ideias dos grupos contraculturais nascidos nos anos 60 nos Estados

Emil Cioran, Ionesco e Mircea Eliade

Unidos.

Sem embargo, Eliade nos anos 30 esteve claramente vinculado à Guarda de Ferro. Mas isso é algo que não encontraremos habitualmente nas suas biografias autorizadas. De tudo isso nos fala Mutti neste trabalho, tanto dos diversos intentos de difamação entre os meios "esquerdistas", como dos intentos de ocultação por parte dos seus apologistas de "direita".

Um dos ataques mais duros e directos contra Eliade produziu-se em França, em 2002, com a publicação de um livro intitulado *Cioran, Eliade, Ionesco ou l'oubli du fascisme. Trois intellectuels roumains dans la tourmente du siècle.* Na capa da edição original pode ver-se os três escritores romenos fotografados juntos em Paris. Durante 533 páginas, desata-se todo um processo acusador, por parte da jornalista Alexandra Laignel- -Lavastine. Podemos dizer que o livro é um exemplo de linchamento moral: dedica-se a "demonstrar" que tanto Cioran como Eliade teriam dedicado toda a sua vida a camuflar e a propagar os seus "perversos" ideais, ainda que estes aparentassem residir somente no seu passado. Quanto a Ionesco, se bem que não se possa demonstrar a sua simpatia fascista, sobretudo quando sempre se opôs ao fascismo[10], dado que foi adido cultural da embaixada romena em Vichy de 1942 a 1944, ter-se-ia convertido em cúmplice dos outros dois para ocultar o seu pecado.

Alexandra Laignel-Lavastine, nascida em 1966, muito cedo se ligará ao mundo romeno, já que *a sua avó era romena* (Artemisa Iordanescu) e esposa de Philippe Lavastine. O avô desta era um homem de vasta cultura, *germanista e especialista na Índia*, para além de ser um admirador de Mircea Eliade. Outro dos antepassados da autora foi Maxime Laignel-Lavastine, autoridade

---

10) E também ao comunismo, que hoje em dia não é mais do que um pecado menor, um deslize de bem-intencionados.

médica em neurologia, que entre outras coisas foi presidente honorário da Sociedade de História da Medicina Hebraica, o qual a trinta de Março de 1941 pronunciou uma conferência em Paris, durante a ocupação, sobre as origens da loucura.

No seu percurso profissional, iniciou os seus contactos com a Roménia através da filha de Ionesco. Durante os anos 80 e 90 fará carreira. De facto, em 1995 traduzirá para francês um livro elogioso sobre Cioran. Mas no ano seguinte parece ter descoberto a "trama" fascista de certos escritores e publicará artigos como: "O Jovem Cioran. Sobre o Inconveniente de Ter Sido Fascista".

Para finalizar, perante os que vivem da denúncia e se dedicam a fuzilar cadáveres rodeados da máxima dignidade moral, perante os que vivem da hipocrisia, como cata-ventos, que ocultam tais cadáveres em armários, exijamos que se restabeleça a liberdade histórica objectiva, perante a memória, que é subjectiva e nada tem que ver com história. Denunciemos a existência dessa dupla infâmia contra a dignidade das pessoas e das ideias.

Jordi Garriga

Introdução

No seu "Postilla Tardiva a Renzo de Felice", o historiador Franco Cardini escreveu:

"Do nosso ponto de vista, cremos que a Guarda de Ferro foi um movimento mais religioso e militar que político, havendo que estudá-lo como tal, mais de um ponto de vista sociológico e antropológico-etnológico do que de um ponto de vista ideológico e político (...) a Guarda de Ferro esteve tão estreitamente vinculada às tradições romenas, que a investigação histórica que a queira estudar deverá ir a par com uma pesquisa histórica, religiosa e com tudo o mais que tal possa acarretar."[11]

Vinte anos antes, Eugen Weber considerara o movimento legionário como algo mais próximo aos cargo cults que ao fascismo, tendo estabelecido uma comparação entre a figura de Corneliu Codreanu e a de Simon Kimbangu, o "messias" dos bacongo, no martírio do qual os seus discípulos viram uma repetição da paixão de Cristo.[12]

Faust Bradesco, por exemplo, publicou recentemente uma obra sobre o Capitão[13], na qual o recurso a categorias típicas da história das religiões está anunciado logo no título *Corneliu Codreanu, Erou neo-cosmogon*[14]. Nós mesmos, ao tentarmos aplicar a este ou àquele aspecto do fenómeno em questão os critérios de investigação propostos por Cardini, tivemos que nos referir várias

---

11) Franco Cardini, *"Postilla tardiva a Renzo De Felice"*, in *Diorama Letterario*, 83, Junho de 1985, p. 28.

12) Eugen Weber, *"Romania"*, in H. Rogger - E. Weber, *The European Right - an Historical Profile*, University of California Press, Berkeley - Los Angeles, 1966, pp. 501-574.

13) Este título, que será rapidamente atribuído a Codreanu pelos seus partidários, aplica-se, na tradição popular romena, a todos os grandes defensores da nação, da honra e da justiça.

14) Carpatii, Madrid, 1987. Herói neo-cosmogónico/neo-criador.

vezes à obra de Mircea Eliade[15], e isto, não só devido à eminente posição que ocupa este sábio no quadro da história das religiões, mas também por causa das estreitas relações que manteve com a Guarda de Ferro.

Trataremos precisamente, nas páginas seguintes, de fazer um balanço sobre estas relações a fim de restabelecer uma verdade histórica que se quis, de vários lados, desnaturalizar ou negar.

Claudio Mutti

---

15) Ver as nossas notas de rodapé nos seguintes textos de literatura romena: *C. Z. Codreanu, Il capo di cuib*, Ar, Papua, 1974, pp. 8-9; *C. Z. Codreanu, Circolari e manifesti*. All'insegna del Veltro, Parma, 1980, pp. 9-10; *Guardia di Ferro, Al passo com l'Arcangelo*, All'insegna del Veltro, Parma, 1982, p. 84.

Capítulo I

No Campo de Concentração

Nas cronologias e notas biográficas contidas nos livros do célebre historiador das religiões, assim como nos ensaios consagrados à sua obra, não se encontra nenhum dado, nem o mais pequeno resumo relativo às relações de Mircea Eliade com a Guarda de Ferro.[16] Os escritos de Eliade posteriores à Segunda Guerra Mundial, publicados em vida do autor, inclusive aqueles que dizem directamente respeito à sua biografia, como *Fragmentos de um Diário* ou *A Prova do Labirinto*[17], silenciam totalmente este tema.

Contudo, há uma parte da produção de Eliade cujo carácter autobiográfico não está explícito, mas sim habilmente dissimulado, frequentemente, no quadro de uma trama romanesca, conservando ao mesmo tempo uma certa transparência. Em particular uma novela como *Noaptea de Sânziene*[18] é em grande parte autobiográfica, embora limitada aos anos 1936-48.

O protagonista da história, Stefan Viziru, é preso, no decurso da repressão antiguardista de 1938, por ter hospedado um legionário. É internado no campo de Miercurea Ciuc. Mas Viziru não tem qualquer simpatia particular pela Guarda de Ferro. Atesta-o a seguinte cena na carrinha que o levará ao campo de concentração:

"Quando o agente desceu, alguém atrás de Stefan murmurou: 'Viva a Legião e o Capitão!' Voltou-se

---

16) Citemos alguns exemplos significativos: a "cronologia" de Charles-Henri Rocqet em *Mircea Eliade, L'Epreuve du Labyrinthe*, Belfond, Paris, 1978; a "cronotaxia" (assim nomeada nesta obra italiana) de Ioan Petru Culianu em *Mircea Eliade*, Citadella, Assise, 1978; a nota biográfica de Crescenzo Fiore (autor interessado, mesmo assim, pelo assunto aqui abordado) em *Storia sacra e storia profana in Mircea Eliade*, Bulzoni, Roma, 1986; "la Ficha biográfica" de Roberto Scagno em R. Scagno - M. Mincu (ed.), *Mircea Eliade e l'Itália*, Jaca Book, Milão, 1987.

17) Supra.

18) *Fôret Interdit*, Gallimard, Paris, 1955.

educadamente e respondeu: 'Boas tardes!'"

Em seguida chegam ao campo:

"Eu não sou legionário, apressa-se a dizer Stefan num tom correcto e quase frio. É um mal entendido. Trouxeram-me para aqui devido a um mal entendido. Politicamente, sou na realidade um adversário das vossas ideias (...). Humanamente, sinto compaixão por vocês... Mas gostaria que não houvesse o menor equívoco... Não simpatizo em absoluto com as vossas ideias nem com os vossos métodos políticos. Estou precisamente nas antípodas. Evidentemente, na vossa luta contra a polícia, sou neutral. Sinto pela polícia uma aversão igual à que me produz o fascismo."

Stefan Viziru expõe de seguida as razões daquilo que o separa dos legionários:

"Eu sou neutral. Eles acreditam nalguma coisa e é por isso que foram encarcerados. Eu acredito na democracia, mas não faço política. Logo não tomo parte alguma no conflito. São os defensores da democracia quem os prendeu e conduziu até aqui. Eu estou fora desta luta."

Mais tarde, falando com um legionário detido no campo, o protagonista da novela declara:

"Mas vocês e o vosso movimento dão uma importância demasiado grande à História, aos acontecimentos que se desenrolam ao vosso redor. A vida não valeria a pena ser vivida se para nós, homens modernos, se reduzisse exclusivamente à História que fazemos. Ora o homem empenha todo o seu esforço, empregando o melhor de si mesmo, para se opor ao Tempo (...) eis aqui o porquê de eu preferir a democracia. Ela é anti-histórica. Propõe-

nos um ideal um pouco abstracto, mas que não admite momentos históricos."

Informado da notícia da morte de Corneliu Codreanu, notícia que os carcereiros deixam que se difunda pelo campo para provocar o esmorecimento psicológico dos legionários, Stefan Viziru reage com uma certa frieza:

"Stefan apercebeu-se então de um grito surdo, afogado, selvagem como o de um animal ferido. 'Fuzilaram o Capitão! ...' Passados uns instantes, reinou no pátio um silêncio tal que se poderia ter ouvido o menor suspiro, essa incómoda mudez pareceu a Stefan ser mais terrível que qualquer grito. Seguidamente, viu-os cair a todos de joelhos, estalar em pranto, gemer. Uns golpeavam a cabeça contra o chão. Outros uivavam como cães espancados. Com as espingardas preparadas, os gendarmes olhavam-nos. Stefan fez o sinal da cruz e baixou a cabeça, sem pensar em nada."

Ora bem, do mesmo modo que a personagem romena de Stefan Viziru recorda inevitavelmente Mircea Eliade, assim, de igual modo o episódio concreto do internamento de Viziru em Miercurea Ciuc corresponde a um episódio real da vida de Eliade. Trata-se incontestavelmente de um facto de certa importância, ainda que todas as cronologias estabelecidas pelos especialistas da obra de Eliade, incluindo as de Roquet e de Scagno - as quais se estendem, não obstante, por oito ou nove páginas - saltem cuidadosamente por cima do tema. É surpreendente *a priori* que autores como Furio Jesi e Crescenzo Fiore, os quais intentaram estudar a obra de Eliade relacionando-a com o ambiente do espírito legionário[19], nada tenham dito acerca da experiência de Miercurea Ciuc.

A razão deste silêncio deve-se de forma verosímil ao facto de Jesi e Fiore ignorarem este capítulo da vida de Eliade; Fiore, contudo, cujo ensaio apareceu em 1986, poderia ter podido informar-se melhor lendo, para além da nossa introdução a *Circolari e manifesti de Codreanu* (Parma, 1980) - texto de que se serve e cita[20] - outra obra publicada quatro anos antes do seu ensaio *Storia sacra e storia profana in Mircea Eliade*. Referimo-nos ao volume *Al passo con l'Arcangelo*[21], que não só contém a tradução dos cantos legionários, como também um testemunho do poeta legionário romeno Radu Gyr intitulado *Sofrimento, Sacrifício e Canto*, onde o poeta evoca os meses que passou no campo de Miercurea Ciuc.

Com efeito, pelas páginas de Radu Gyr ficamos a saber que entre os detidos de Miercurea Ciuc, não só se encontravam pessoas com as quais Eliade tinha mantido estreitas relações, como Mihail Polihroniade e sobretudo Nae Ionesco, como também o mais famoso

---

19) *"Fica por saber se a 'mensagem secreta' do Tratado (...) resulta de uma reflexão completamente nova de Eliade, exilado após a guerra, ou da perpetuação de uma estrutura ideológica do Eliade simpatizante da Guarda de Ferro, de luto pela morte de Codreanu". - F. Jesi, Cultura di destra, il linguaggio delle "idee senza parole"*, Garzanti, Milão, 1979, p. 45, *"Tentei demonstrar que o anti-historicismo do sábio romeno, estava enraizado numa visão do mundo dominada pela mística legionária de Codreanu. Só posso censurar-me não ter conseguido chegar ao fundo de tal proximidade, de não ter procurado de modo mais exaustivo os pontos de contacto. Não obstante, estou convicto de que grande parte da leitura dos materiais histórico-religiosos apresentados por Eliade está fortemente influenciada pela mística legionária". - "Nei dintorni del mito. Intervista con Crescenzo Fiore"*, a cargo de G. Monastra, in *Diorama Letterario*, nº 109, Novembro de 1987, p. 27.
20) Crescenzo Fiore, op. cit., p. 22.
21) O original do texto de Radu Gyr é um manuscrito dactilografado em romeno, em nosso poder.

e melhor aluno deste último: ou seja, o próprio Mircea Eliade. Citemos alguns fragmentos do testemunho de Radu Gyr:

"Um Nae Ionesco e um Mihail Polihroniade (...) graças à perfeita fusão da linha legionária com a dialéctica sóbria e equilibrada e a profundidade de uma verdadeira cultura, deram ao campo um soberbo porte intelectual, fazendo dele amiúdas vezes uma universidade legionária (...). Para mais, no campo eram tomadas medidas disciplinares contra os legionários, ao mínimo canto suscitado pela nostalgia do Capitão, à mais insignificante reunião inocente entre camaradas, à mais pequena conferência científica pronunciada pelo professor Nae Ionesco (...) a solene tranquilidade com que o professor pronunciava os seus seminários, transformando o campo numa elite intelectual e as frias paredes do austero dormitório numa academia (...) Nae Ionesco mantinha o seu domínio no campo pela sua formidável linha de pensamento e de observação dos acontecimentos, pelo prestígio que lhe conferia a sua forma de suportar, enfermo, o sofrimento. Pela dignidade e pela nobreza com que enfrentava as exacções dos esbirros e todos os rigores do campo (...) Recomeçaram a trazer para o campo camaradas que tinham acabado de ser detidos, entre eles estavam Mircea Eliade e Iordache Nicoara; com a sua chegada entraram no campo notícias sobre as condenações em massa de legionários por todo o país[22].

---

22) Ion Fleseriu, *Amintiri, Colectia Generatia*, 1922, Madrid, p. 100 passagem assinalada por nós). Constata-se, graças ao livro de Ion Fleseriu, que a notícia da morte de Codreanu foi sabida pelos legionários de Miercurea Ciuc à primeira hora da tarde de 30 de Novembro de 1938, ou seja, somente algumas horas depois (p. 107).

Radu Gyr

Podemos comparar o testemunho de Radu Gyr com o de Ion Fleseriu:

"No final do mês de Abril trouxeram o professor Nae Ionesco; mais tarde chegou também Mircea Eliade."

Em 1938, Mircea Eliade encontrava-se pois no campo de concentração de Miercurea Ciuc, exactamente como o personagem principal de Bosque Proibido. Mas, podemos identificar totalmente o romancista com a sua personagem, até ao ponto de acreditar que Eliade, em 1938, compartilhava as opiniões defendidas por Stefan Viziru? Por outras palavras, poderemos crer que Eliade era também um estranho para os legionários internados em Miercurea Ciuc, e que inclusive era um rotundo partidário da democracia enviado para o campo de concentração por causa de um simples mal entendido?

A passagem de Radu Gyr que alinha Eliade entre os *"camaradas que tinham acabado de ser detidos"*, diz-nos precisamente o contrário. Para além disso o próprio Eliade escreve que:

"Servi-me de uma grande quantidade de recordações das instalações da Segurança Geral e do campo de Miercurea-Ciucului no Bosque Proibido e lamento-o, pois posso ter dado eventualmente a impressão que a minha personagem, Stefan Viziru, seria o meu alter-ego, o que é falso."

Estas linhas figuram num volume de memórias publicado a título póstumo, diferentemente das outras três partes do *Diário* de Eliade. Neste volume, os dois primeiros capítulos referem-se precisamente às relações do autor com o movimento legionário e, concretamente, à sua experiência como prisioneiro em Miercurea Ciuc. Que estes dois capítulos constituem, pelo menos para o

Corneliu Zelea Codreanu

grande público, uma revelação - é algo confirmado pelas reacções de uma certa *inteligentsia*. Edgar Reichmann, por exemplo, lançou algumas invectivas no *Le Monde*, deixando transparecer uma indignação apenas dissimulada:

"(…) fascinado por uma mitologia fúnebre e funesta, ele (Eliade) deu-lhe o seu aval (…). Presentemente reconhece-o, a título póstumo, é verdade, mas sem expressar o seu arrependimento. É deplorável."[23]

Examinemos os dois capítulos em questão. O ambiente político da Roménia em 1937 e no início do ano de 1938 é deste modo evocado por Eliade: *"A atmosfera política degradara-se lentamente e ameaçava agravar-se. A popularidade do movimento legionário, também chamado Guarda de Ferro, não parava de crescer. Alguns dos meus amigos e colegas já há anos que faziam parte desta. Outros pareciam esperar o momento propício para se filiarem. Sem ser oficialmente membro, Nae Ionesco era considerado o seu 'ideólogo', algo que parecia irritar outros intelectuais e jornalistas de direita. Pouco antes das eleições do Outono, Iuliu Maniu e Corneliu Codreanu tinham feito um acordo eleitoral que lhes deveria permitir evitar os abusos governamentais. É mais que provável que esse acordo selasse a sorte do movimento legionário. Não só porque o seu êxito superou toda e qualquer expectativa, mas também porque o governo não obteve os 40% dos sufrágios que lhe teriam assegurado a maioria parlamentar. Por causa disso as eleições foram anuladas. O rei encarregou Octavian Goga de constituir governo, com Armand Calinescu na pasta da Administração Interna, e anunciaram-se outras eleições para o Inverno."*

"Durante o Inverno, recomeçou a campanha eleitoral, com mais violência ainda. Afirmou-se mais tarde que Armand Calinescu, baseando-se em informações que recebia do Ministério da Administração Interna,

---

23) E. Reichmann, *"Témoins et acteurs d'une époque macabre"*, in *Le Monde*, 15 de Julho de 1988.

Armand Calinescu

anunciou ao rei Carol que os resultados das eleições seriam desastrosos e que o movimento legionário poderia chegar a obter a maioria dos votos. O gabinete de Goga foi igualmente deposto a 11 de Fevereiro, sendo substituído por um novo governo, presidido pelo patriarca Miron, mas na realidade dirigido por Armand Calinescu. O objectivo final era a destruição do movimento, muitos de nós perguntávamo-nos de onde surgiria a fagulha que desencadearia o conflito entre Carol e Codreanu. O chefe da Guarda de Ferro tinha escolhido a via da não-violência. Tinha declarado numa circular que o governo podia torturar e assassinar, que os legionários não responderiam. Contudo, quando Nicolae Iorga escreveu no Neamul Rômanesc *que se tramavam complots nas instalações legionárias, Corneliu Codreanu respondeu-lhe com outra circular, acusando-o de ter 'uma alma desonesta'. Era essa a ocasião que Armand Calinescu esperava. Nicolae Iorga intentou um processo por difamação e, em Abril de 1938, Codreanu foi preso, julgado e condenado a seis meses de prisão. Na noite anterior, todas as sedes legionárias foram ocupadas e revistadas e, na manhã seguinte, todos os periódicos publicavam fac-similes de cartas a toda a largura da página que davam a entender que o movimento legionário preparava uma revolta, a constituição foi suspensa, sendo promulgados decretos-leis excepcionais todos os dias. Evidentemente, todos os jornais legionários foram proibidos."*

"Nae Ionesco foi detido ao mesmo tempo que todos os chefes legionários, mais tarde soube que todos se encontravam internados, em residência forçada, numa escola agrícola não muito longe de Miercurea Ciuc. Foi intentado outro processo, desta vez por alta traição, a Codreanu e a todo um grupo de chefes legionários. Corneliu Codreanu foi condenado a 10 anos de prisão."

A sentença de condenação contra Codreanu foi pronunciada em Junho de 1938. Por seu lado, Eliade foi preso no mês seguinte. Eis a sua descrição da cena:

"Estávamos na manhã de 14 de Julho. Ao princípio da tarde recebi a visita de um estudante italiano que tinha começado a traduzir Maitreyi. Mal tinha tido

tempo de ler uma página, quando ouvimos passos fortes e acelerados, escada acima, instantes depois o meu gabinete era invadido por meia dúzia de agentes e dois gendarmes. Tinham entrado na casa por todas as entradas ao mesmo tempo e ocupavam todas as divisões, até a casa de banho, onde um gendarme montava guarda. O seu chefe olhou-me de cima a baixo com curiosidade, olhou para as estantes e de seguida, depois de verificar a identidade do estudante italiano, disse-me, muito educadamente: 'Tem que acompanhar-nos à Segurança, só para prestar declarações. Mas de qualquer das maneiras leve um pijama e um estojo com artigos de higiene. Por vezes quando se inicia uma investigação…'"

A notícia das primeiras medidas repressivas chegou a Eliade após a prisão de Nae Ionesco. *"Directa ou indirectamente, todos nós, seus discípulos e colaboradores, éramos solidários com as concepções e as opções políticas do professor."* Escreve Eliade, o qual não se deverá ter mostrado muito surpreendido quando soube pelos jornais, juntamente com as notícias relacionadas com os legionários, coisas que lhe diziam respeito pessoalmente: *"Por exemplo, a exoneração de Nae Ionesco da universidade e por tal, implicitamente, a minha, uma vez que eu era seu assistente."* Eliade esteve detido durante 40 dias nas instalações da Segurança Geral. Armand Calinescu tentou conseguir dele, em troca da liberdade, uma declaração na qual Eliade se desvinculasse do movimento legionário. Somada às já assinadas por outros, teria servido ao governo para desalentar e desorientar os legionários e os seus simpatizantes. Mas Eliade recusou.

"Assinar qualquer dos modelos de declaração [que lhe foram] apresentados por um inspector da Segurança

durante as diversas fases do inquérito.[24]"

"Para mim", acrescenta, *"que não acreditava no destino político da nossa geração (nem na estrela de Codreanu), uma declaração através da qual me dessolidarizava do movimento parecia não somente inaceitável, mas também rotundamente absurda. Julgava inconcebível desvincular-me da minha geração em pleno terror, quando se perseguia e acurralava inocentes."*

Por não ter querido desvincular-se, Eliade foi transferido, em finais do mês de Agosto, para o campo de concentração de Miercurea Ciuc. Compartilhou a sua cela com um jovem sacerdote, com Nellu Manzati (aliás Ion Mânzatu, famoso músico da época e autor de numerosas melodias legionárias)[25] e com Nae Ionesco, o qual já pronunciara, perante os legionários, várias conferências sobre metafísica. No quadro dessa espécie de universidade legionária, foi pedido a Eliade que *"improvisasse um curso de história das religiões e falasse*

---

24) Eliade explica deste modo as razões da sua falta de confiança no destino da sua geração e na "estrela de Codreanu": *"Não sei como a história julgará Codreanu. Não obstante, quatro meses depois do fenomenal êxito eleitoral do movimento legionário, o seu chefe era condenado a 10 anos de prisão e, cinco meses passados, era executado. Estes acontecimentos reforçaram a minha ideia de que a nossa geração não tinha um destino político. Corneliu Codreanu sem dúvida não me teria desmentido. Para ele o movimento legionário não constituía um fenómeno político, sendo sim de essência ética e religiosa. Dizia, muitas vezes, que não estava interessado na conquista do poder, mas na criação de um 'homem novo'. Sabia desde há bastante tempo que o rei preparava a sua morte e que, se o tivesse querido, podia ter salvo a sua vida refugiando-se na Itália ou na Alemanha. Mas Codreanu acreditava na necessidade do sacrifício, pensava que cada nova perseguição mais não faria do que purificar e reforçar o movimento; também acreditava no seu próprio destino e na protecção do Arcanjo Miguel."*
25) Ion Mânzatu, *"Come ho composto i canti legionari"*, in *Guardia di Ferro, Al passo com l'Arcangelo*, op. cit., pp. 21-42. O original romeno é um manuscrito dactilografado em nossa posse.

Nae Ionesco (à esquerda) com Mircea Eliade

de Ghandi e do movimento nacionalista hindu".

"Pela tarde", explica Eliade, *"a oração colectiva acabava com um impressionante 'Deus está connosco', cantado por trezentas vozes. No último piso havia uma divisão reservada à 'oração permanente'. Durante uma hora, tanto de dia como de noite, um detido rezava ou lia a Bíblia aí e não parava até que entrasse quem o iria substituir. Como entre as três e as cinco da madrugada eram, naturalmente, as piores horas para velar, uma grande quantidade de camaradas pediam para ser arrolados na lista justamente para essas horas. Raras vezes na história do cristianismo moderno, os jejuns, as orações e a fé cega na omnipotência de Deus foram recompensados com mais sangue. Mais tarde, quando a tragédia já se tinha consumado, fiquei positivamente fascinado ao descobrir a mesma fé inquebrantável entre os escassos sobreviventes dos massacres (...). O único acontecimento em massa que desmente a lengalenga da não-religiosidade do povo romeno, (o único povo cristão que não tem santo, algo que não deixam de nos recordar) foi a atitude de vários milhares de romenos em 1938-1939, nas prisões e nos campos, perseguidos ou livres."*

Durante a sua estada no campo, Eliade traduziu *The Fighting Angel* de Pearl Buck e escreveu o seu romance *Nunta in Cer.* Após um acesso de tuberculose contraída por Eliade, o general Condescu (um amigo da família do escritor) insistiu com Armand Calinescu para que Eliade fosse transferido para um sanatório.

"Não sei como conseguiu convencê-lo", escreveu Eliade, *"...sem dúvida graças a uma série de vómitos sanguinolentos de que tinha sofrido nos últimos dias. Em todo o caso, eu era um privilegiado e o comandante deu-se conta disso rapidamente: entre as dezenas de tuberculosos*

que havia no campo, eu era o único a propósito do qual Bucareste solicitava 'estar ao corrente'."

Eliade abandonou pois, a 25 de Outubro, o campo de Miercurea Ciuc e foi para o sanatório de Moroeni. Foi posto em liberdade três semanas mais tarde.

Capítulo II
A última oportunidade para a Roménia

A 13 de Dezembro de 1937, Emil Cioran escrevia, de Paris, uma carta ao *"caro Mircea"* na qual comentava que era assinante do *Cuvântul*, oferecendo a sua colaboração ao jornal de Nae Ionesco e Mircea Eliade, *"publicação sob suspeita, já que se tinha oposto à dissolução da Guarda de Ferro"*[26]. Em 1939 Cioran expunha-lhe igualmente os seus pontos de vista políticos. O tom da carta permite supor a existência de posições essencialmente homogéneas entre Cioran e Eliade.

Com efeito, se Cioran gravitava na órbita do legionarismo, até ao ponto de, segundo alguns, se dispor a traduzir para o francês o livro de Codreanu *Pentru Legionari*[27], *"Eliade, era ele próprio, por essa altura, candidato pelas listas eleitorais do partido legionário 'Total Pentru Tara', sendo eleito deputado dez dias mais tarde"*[28].

"Qualquer gesto de destruição da democracia na

---

26) M. Bussagli, "Mircea Eliade: ricordo e valutazione storica", in *Storia contemporanea*, XVIII, 4 de Agosto de 1987, p. 727.

27*) Pentru legionari* (*Para os legionários*, mas traduzido sempre sob o título de *Guarda de Ferro*), Sibiu, 1936, supostamente deveria ter surgido uma edição francesa pelas Éditions Prometée, Paris, em 1938, contudo só foi publicada em 1972 por Ion Marii/Belmain em Pinet d'Uriage (França). Numa nota prévia aos leitores, Ion Marii escrevia: *"A tradução francesa e até mesmo as provas, feitas em 1938, foram cuidadosamente guardadas, já que uma série de circunstâncias bem conhecidas adiaram a sua publicação"* (C. Z. Codreanu, *La Garde de Fer*, Colectia Omul Nou, Grenoble, 1972). Quanto a Cioran, uma nota anónima (devida provavelmente a H. Sima) que apareceu numa revista da emigração romena, dizia o seguinte: *"Cioran começou a sua viagem interior fascinado pela filosofia de Nietzsche (…). Quando o movimento legionário se afirmou fortemente na Roménia, aderiu ao nietzscheismo de inspiração cristã desse movimento"* (Anónimo, *"Cazul Cioran si reactia Stindardului"*, in *Tara si Exilul*, IX, 9-10, Julho-Agosto de 1937, pp. 17-19).

28) Cf. G. Balanescu, "Pagina Culturala", in *Carpatii*, XXV, 19, Agosto-Setembro de 1979, p. 38.

Roménia é um acto criador"[29]: isto era o que escrevia, perante a eminência do êxito eleitoral da Guarda de Ferro, Emil Cioran, que não tentará esconder, depois de 1945, o seu passado de adversário do sistema democrático. Então com 26 anos, Cioran comparava a juventude francesa com a juventude romena, julgando esta última como *"mais interessante"* pois, *"os jovens nacionalistas franceses são... cuzistas"* assinalando simplesmente que os "cuzistas" eram *"os partidários de A. Cuza"*, a nota das tradutoras (D. Popa e M. Dorias) das cartas a Eliade reunidas no livro que acabamos de citar, não esclarece grande coisa o leitor não apaixonado pela história da Roménia. De facto, o sentido do epíteto aplicado por Cioran aos nacionalistas franceses torna-se claro quando nos damos conta que o movimento legionário só começou a desenvolver as suas potencialidades de força espiritual e política, plenamente projectadas na realidade popular, quando se emancipou da tutela do professor Cuza, pouco disposto a aceitar o dinamismo da jovem geração. Em suma, Cioran queria fazer compreender a Eliade que, à excepção do partido de Doriot, *"o melhor entre os nacionalistas, com vocação para chefe"*, o nacionalismo francês mantinha posições que os romenos já tinham deixado para trás graças ao movimento legionário.

Mas a frase mais curiosa, na carta de Cioran, é a seguinte: *"Mais do que nunca estou convencido de que [...] é a última oportunidade para a Roménia."* Citamos a frase tal como está reproduzida, reticências incluídas, por Marin Mincu e Roberto Scagno, na compilação publicada pela Jaca Book. Mas o que significam essas reticências entre parêntesis rectos? É possível que as tradutoras não tenham conseguido decifrar aqui a caligrafia de Cioran? Nesse caso, se não se podia pedir

---

29) Citado em R. Scagno - M. Mincu, *Mircea Eliade e l'Italia*, op. cit., p. 227.

uma explicação a Cioran ou se este não estava na disposição de a dar, então o texto devia permanecer necessariamente lacunar, uma nota de Marin Mincu e Roberto Scagno teria sido oportuna para dissipar a suspeita de uma medida de censura tomada pelo editor. De qualquer maneira: o que era, para Cioran, e verosimilmente para Eliade, "*a última oportunidade para a Roménia*"?

Uma coisa é certa: era alguém ou alguma coisa que se relacionava com a esperança, acalentada por Cioran, de uma "*destruição da democracia*".

Uma esperança sustentada também por Eliade, pois os alunos de Nae Ionesco - é Eliade em pessoa que o afirma - "*possuem todos algumas características comuns: são realistas, antiretóricos, antidemocratas*"[30], pese embora todas as diferenças que existiram "*entre um Mircea Vulcanesco, por exemplo, e um Emil Cioran, entre G. Racoveanu e Mihail Sebastian!*"[31].

---

30) M. Eliade, "…Si un cuvânt al editorului", nota final de N. Ionesco, *Roza Vânturilor. 1926-1933. Culegere îngrijita de Mircea Eliade*, Bucareste, 1937, p. 434.
31) Idem.

Capítulo III
Eliade "Anti-Semita"?

48

Em 1972, um auto denominado Institut Dr. J. Niemirower, sedeado em Jerusalém, publicava o primeiro número de um boletim em língua romena, mas com o título em hebraico: *Toladot* (Origens). O prato forte deste número era um dossier sobre Mircea Eliade, no qual se citavam passagens de um artigo surgido a 17 de Dezembro de 1937 na revista legionária *Buna Vestire. Toladot* atribuía a Eliade a paternidade do artigo[32].

"Pode o povo romeno acabar com uma existência consumida pela miséria e pela sífilis, invadida pelos judeus e debilitada pelos estrangeiros? (...) A revolução legionária tem como objectivo supremo: a salvação da nação". Foi deste modo que Alfonso Maria Dinola traduziu as linhas atribuídas a Eliade, divulgando-as em Itália por intermédio de uma folha israelita[33]; este trabalho de informação para uso dos goyim foi prosseguido por um "intelectual de estranho tipo"[34], Furio Jesi, primeiro na revista fundada por Adriano Olivetti, em seguida num ensaio sobre a "cultura de direita", editado por Garzanti[35] e destinado ao "comum dos mortais"[36].

Na realidade, da passagem citada somente a segunda parte pertence a Eliade, após o parêntesis, sendo redaccional a primeira parte da "citação". Ioan Petra Culianu apenas tem metade da razão quando, sobre uma base de argumentações filológicas um pouco forçadas, chega à conclusão de que se trata de um *falso*

---

32) "Dosarul Mircea Eliade", in *Toladot, Buletinul Institulului Dr. J. Niemirower*, 1, Janeiro-Março de 1972, pp. 24-26.

33) A. M. Di Nola, "Mircea Eliade e l'antisemitismo", in La Rassegna mensile di Israele, 43, Janeiro-Fevereiro de 1977, pp. 2, 12-25.

34) Era assim que Sergio Moravia definia Jesi, por ocasião da morte deste, numa publicação dirigida por Arrigo Levi (S. Moravia, *"Jesi, l'interprete del mito"*, in *Tuttolibri*, 28 de Junho de 1980).

35) F. Jesi, *"Cultura di destra e religione della morte"*, in *Comunità*, 179, Abril de 1978, ig., *Cultura di destra*, op. cit.

36) Expressão de Sergio Moravia, op. cit.

grossier" (jogo de palavras: *grossier* significa tosco, grosseiro, cruzado com *dossier*) (*Schedule Fälschung*)[37]. Mais adiante, apresentaremos na íntegra a passagem de Eliade, sem nenhum acrescento.

Qual era o objectivo desta iniciativa de *Toladot*?

Furio Jesi explica-o *apertis verbis*:

"...*para denunciar o passo em falso de um dos mais prestigiados professores da universidade de Jerusalém, Gershom Scholem, que julgou oportuno render homenagem a Eliade contribuindo para um volume em sua honra*"[38]. Tratava-se, em suma, de um procedimento típico que associa advertência e chantagem.

Mas *Toladot* também queria expressar, ao mesmo tempo, o veto sionista à candidatura pública de Eliade ao prémio Nobel. Nem Jesi nem os outros porta-vozes desse *lobby* evocam, evidentemente, esse objectivo mais oculto do "Dossier Eliade".

É interessante assinalar que encontramos um rasto do caso do prémio Nobel vetado num romance de Eliade que apresenta certos elementos autobiográficos e à qual voltaremos: *Noaprezece Trandafiri*, cuja tradução francesa surgiu em 1982. Recordemos dois estratos nos quais aparece o tema do prémio Nobel que deveria ser entregue ao protagonista ADP:

"*A sociedade de escritores tinha recebido informações confidenciais segundo as quais ADP tinha fortes possibilidades de obter o Prémio Nobel (dizia-se que já tinha sido proposto dois anos antes tendo recolhido*

---

37) I. P. Culianu, "Mircea Eliade und die blinde Schildkröte", in H. P. Duerr (ed.), Die Mitte der Welt, Aufsätze zu Mircea Eliade, Surhkampf, Frankfurt-am-Main, 1984, p. 234 (não possuindo o original inglês do texto de Culianu, citaremos sempre esta edição alemã).

38) F. Jesi, "*Cultura di destra e religione della morte*", op. cit.

uma quantidade importante de votos) "; "respondi que a probabilidade de amnésia ganhava corpo se estavam à espera que Pandele [= ADP, nota do autor] tivesse possibilidades de receber o Prémio Nobel".

- Nem a mais ínfima, retorquiu-me Albini [o polícia, nota do autor] com voz grave. Os suecos conhecem perfeitamente a situação. Foram publicados vários artigos na imprensa alemã (…)."

Os dois intelectuais… *"de estranho tipo"* que deram a conhecer em Itália a "descoberta" de *Toladot* seguiam os passos de Ambrogio Donini, o qual, em 1949, tinha lançado contra Eliade um anátema vulgar, resumido deste modo por Jesi, trinta anos depois, no semanário bibliográfico de Arrigo Levi:

"Eliade é um romeno perverso no exílio, um agitador fascista."[39] Mas as novas acusações pareciam ser um pouco mais sólidas. Segundo os inquisidores mais recentes, para além de ter escrito as linhas citadas no início deste capítulo, Eliade *"esteve de luto quando Cornel (sic) Codreanu foi executado (30 de Outubro de 1939), e com igual coerência não viu nada de ignominioso no facto de representar no estrangeiro, como adido cultural, o governo romeno que, durante o Verão de 1942, assinou com o delegado de Eichmann, Gustav Richter, o acordo de deportação de todos os judeus romenos para os campos de extermínio"*[40].

Impõem-se algumas precisões. Em primeiro lugar, Corneliu (e não Cornel) Codreanu foi assassinado, não a 30 de Outubro de 1938, mas na noite de 29 para 30 de

---

39) F. Jesi, "Un caso imbarazzante", in *Tuttolibri*, 21 de Abril de 1979.
40) F. Jesi, *"Cultura di destra e religione della morte"*, op. cit.

Novembro desse mesmo ano[41].

Quando à acusação essencial formulada por Jesi, a qual reprova a Eliade uma espécie de *"cumplicidade moral"* na deportação dos judeus romenos, Culianu escreveu uma trintena de linhas que demonstram a sua total incoerência do ponto de vista histórico[42].

Por nossa parte, recordaremos que numa recensão de *Cultura di Destra* publicada no diário *La Repubblica*, Eliade é categoricamente culpado de ter *"entregue os judeus romenos às SS"*[43]! Afirmação grotesca, que traduz em termos adaptados ao nível médio da inteligência democrática as insinuantes asserções de Jesi, segundo

---

41) No seu ensaio *Cultura di destra*, op. cit., que inclui, além dos artigos surgidos anteriormente em *Comunità*, o estudo *"Cultura di destra e religione della morte"*, onde encontramos o erro relativo ao nome de Codreanu e à data da sua morte.

42) Recordemos o essencial da reacção de Culianu: *"Não compreendo de que modo um adido cultural possa ser responsável pelas medidas justas ou erróneas do seu governo. Sem embargo, no caso presente, temos que nos ocupar de uma questão deste género, pois a nomeação de Eliade teve lugar em 1940 e não em 1942, como afirmavam Toladot e Jesi. A 10 de Abril de 1940, menos de um mês após a morte de Nae Ionesco, Eliade foi enviado a Londres, por quem? Não pelo governo de Antonescu (o qual para além disso, como demonstrou M. Nagy-Talavera, nunca assinou a Convenção reclamada por Eichmann), já que Antonescu chegou ao poder a 14 de Setembro de 1940. Em primeiro lugar, foi o governo de I. Gigurtu, em funções até então, quem adoptou leis anti-semitas. Se Eliade tivesse sido nomeado por este governo, então a acusação de Toladot (e de Jesi) seria pelo menos compreensível, ainda que impossível de compartilhar. Toladot, Di Nola, Jesi e Filippini ficariam certamente decepcionados ao saber que o governo do qual Eliade recebeu a sua nomeação era presidido por um tal Tatarescu (24 de Novembro de 1939 - 4 de Julho de 1940), adversário do Eixo e notoriamente favorável a uma aliança com a Inglaterra. Eliade foi nomeado directamente pelo ministro da Cultura C. C. Giurescu, um democrata, que acabou por ser posteriormente um historiador comunista oficial".* (I.P. Culianu, *"Mircea Eliade und die blinde Schildkröte"*, op. cit., p. 236).

43) E. Filippini, *"Quando Liala incontra Julius Evola"*, in *La Repubblica*, 4 de Maio de 1979.

o qual Eliade foi *"misticamente (mas também muito concretamente) anti-semita na Roménia da Guarda de Ferro"*[44].

Uma vez que o "anti-semitismo" é um pecado que, no sistema moral contemporâneo, supera em gravidade qualquer outra infâmia possível e imaginária; o "eliadiano"[45] Ioan P. Culianu empregou todo o zelo de que era capaz para defender o seu mestre de uma tão criminosa calúnia.

Vasile Marin, dirigente legionário voluntário na Guerra Civil Espanhola. Era casado com uma judia.

---

44) F. Jesi, *Un caso imbarazzante*, op. cit.

45) Foi o próprio Eliade quem assim o descreveu; cf. "Lettura di Mircea Eliade", I. P. Culianu, *Mircea Eliade, Assise*, 1978, p. 5.

"Ein antisemit ist Eliade zweifellos nicht gewesen" (*Eliade, sem dúvida nenhuma, não foi um anti-semita*)[46], não obstante, como o próprio Culianu teve que reconhecer, um dos artigos escritos por Eliade em

46) I. P. Culianu, "Mircea Eliade und die blinde Schildkröte", p. 237. Para mais, não se pode dizer com certeza, com todo o rigor, que fossem anti-semitas legionários de alto escalão como Vasile Marin, o qual se casou com uma judia, ou Vasile Noveanu, *"instrutor legionário (…) filho de um judeu convertido à ortodoxia"* (H. Sima, *Sfarsitul unei domnii sângeroase*, Madrid, 1977; tradução italiana: *Il crollo di un 'oligarchia*, All'Insegna del Veltro, Parma, 1985, vol. 1, pp. 63-64). Mas, feita a abstracção sobre o significado do "anti-semitismo" para a Guarda de Ferro; não encontramos uma apreciação serena da atitude de Eliade para com o judaísmo nem em Culianu nem noutros "eliadianos" que intentaram fazer uma apologia análoga do grande sábio. Citemos, como exemplo recente, um colaborador de uma revista neocatólica, o qual, possivelmente com base num complexo de inferioridade para com os "irmãos mais velhos", começa por contar ao seu público que a Guarda de Ferro foi *"exterminada pelos nazis"* (sic), antes de situar ao mesmo nível Mircea Eliade e autores como *"Rosenzweig, Buber, Heschel, Levinas, que são pensadores da Tradição e judeus, pois claro!"* (G. Ferracuti, *"Note in margine a un saggio italiano su Eliade"*, in *Quaderni di Avalon*, 13, Janeiro-Abril de 1987, pp. 134-141). Em contrapartida, encontramos certas considerações interessantes sobre a questão num artigo de P. Di Vona: *"Ficamos pois agora a saber que foram os profetas judeus quem provocou a queda do mundo da Tradição e das sociedades arcaicas! Como não pensar que Eliade (…) lhes imputa a queda do Homem no mundo do tempo histórico, e consequentemente a entrada deste na decadência cósmico-histórica? Parece-nos que com esta tese Eliade acabou por alimentar uma legitimação de carácter tradicionalista do anti-judaísmo e dos racismos posteriores à Segunda Guerra Mundial (…). É muito significativo que Guénon, em 1945, limitasse a responsabilidade do judaísmo no advento dos tempos mais recentes para o mundo humano, somente aos judeus que se tinham separado da sua Tradição, enquanto que Eliade, nesses mesmos anos, atribuía a nova concepção da História como uma criação exclusiva de uma elite religiosa israelita (…). Atribuindo a uma elite judaica a superação da visão cíclica, Eliade, se deixarmos de lado as razões históricas, mostrou-se não obstante muito prudente; em seu lugar, sem dúvida alguma Guénon teria falado de uma 'contra hierarquia', de uma elite às avessas do seu legítimo significado"* (P. Di Vona, *"Storia e Tradizione in Eliade"*, in *Diorama Letterario*, 109, Novembro de 1987, p. 101).

1937, a favor da Guarda de Ferro, *"contêm um ataque muito duro contra o peso desproporcionado, económico e político, das minorias, incluindo a minoria judaica"*[47]; também nos parece que Culianu se deixa intimidar bastante pela acusação terrorista daqueles a quem ele mesmo chama *"Toladot & Cia."*, quando, arrebatado pelo fervor apologético, chega a dizer que Eliade *"kein antisemit, kein legionär"*[48], e inclusive que *"há que descartar qualquer vínculo directo de Eliade com o movimento legionário"*[49].

---

47) I .P. Culianu, *"Invitu alla lettura di Mircea Eliade"*, in *Abstracta*, 35, Março de 1989, p. 40.
48) I. P. Culianu, "Mircea Eliade und die blinde Schildkröte", op. cit., p. 239.
49) Idem, p. 34.

Capítulo IV
Um Doutrinário do Legionarismo

Referindo-se a *Bosque Proibido*, no qual Stefan Viziru é confundido com o célebre escritor Ciru Partenie por causa da sua parecença com este último, Ioan Culianu afirma que Mircea Eliade acabou por sofrer a mesma sorte de Viziru: por outras palavras, não somente *"Toladot & Cia."* mas também o próprio governo romeno teriam cometido o erro de confundir Eliade com Nae Ionesco, que era realmente *"ein Theoretiker des religiösen Antisemitismus und ein Befürworter des Faschismus"* (*um teórico do anti-semitismo religioso e um protagonista do fascismo*)[50]. Seguidamente, vários "neo-legionários" cairiam no mesmo erro, se acreditarmos no que escreve Culianu numa longa nota que traduzimos em seguida.

"E. Marii escreveu que Eliade pertenceu na qualidade de militante, a um 'ninho' da Guarda de Ferro (na sua Nota introdutiva a I. Mota, L'uomo Nuovo, Ar, Pádua, 1978, p. 11). Os neofascistas italianos acreditam que Eliade estava a favor de Codreanu. Adriano Romualdi escreve que J. Evola 'foi a Bucareste, onde se encontrou com Codreanu e Mircea Eliade, que formavam parte do círculo da Guarda de Ferro' (Julius Evola: l'uomo e l'opra, Volpe, Roma, 1968, p. 43). Não sei se Evola alguma vez chegou sequer a ver Eliade na Roménia. Quando foi a Bucareste para ver Codreanu é provável que se tenha encontrado, igualmente, com Nae Ionesco e é possível que, nessa ocasião, tivesse visto também o discípulo deste último, Mircea Eliade. Mas nem Ionesco nem Eliade estiveram relacionados, em nenhum momento, com a Guarda de Ferro"[51].

---

50) Ibidem

51) I. P. Culianu, "Mircea Eliade und die blinde Schildkröte", op. cit., p. 343, nota 95.

Na sua Nota introdutória a *L'uomo Nuovo*[52], Ion Marii escreveu efectivamente que Eliade *"pertenceu a um cuib*[53] *da Legião"*[54], isto no quadro de certas considerações sobre a doutrina legionária do sacrifício, a qual se explica, segundo Ion Marii, *"à luz do que Mircea Eliade (…) chamou a 'teoria arcaica da regeneração periódica das forças sagradas*' (Tratado de História das Religiões, Edições Asa, 2004)[55]. No que diz respeito à pertença de Eliade a um cuib legionário, Ion Marii disse simplesmente o que nós mesmos ouvimos de outros velhos militantes da Guarda de Ferro que certamente não podem ser despachados como "neo-legionários"[56]: que o eminente historiador das religiões foi membro de um *cuib* de Bucareste denominado *Axa* expressamente fundado para agrupar importantes personalidades do mundo cultural. Quanto à obra de Eliade como ponto de referência para a exposição de uma doutrina legionária é algo perfeitamente plausível, já que foi Corneliu Codreanu em pessoa, quarenta anos antes de Ion Marii e da sua Nota introdutória, quem citou Eliade como doutrinário da concepção legionária.

Com efeito, a trinta e um de Março de 1938, o primeiro dia do processo intentado contra Corneliu Z. Codreanu perante o tribunal militar do Segundo Corpo do Exército, o réu leu as diferentes respostas que numerosas personalidades romenas tinham dado, nas colunas da publicação legionária *Buna Vestire*, a uma pergunta formulada da seguinte maneira: *"Porque*

---

52) Recolha de textos de Mota, tradução italiana de Cranii de Lemn.

53) Cuib, "ninho", célula da organização legionária.

54) I. Mota, *L'Uomo Nuovo*, op. cit., p.11.

55) Idem.

56) Além disso, Ion Marii tampouco pode ser qualificado de "neo-legionário". Em Setembro de 1938 fazia parte da organização da juventude legionária (*Fratii de Cruce*, as Fraternidades da Cruz de Timisoara). Cf. I Marii, *Omul din manifest*, in *Carpatii*, 25 de Agosto-25 de Outubro de 1974.

acredito na vitória legionária?" As actas do processo indicam que foi dada uma particular importância à resposta dada por Mircea Eliade e publicada em *Buna Vestire* na sexta-feira 17 de Dezembro de 1937[57]. Eliade escrevera: "*Hoje em dia o mundo inteiro está sob o signo da revolução, mas enquanto que outros povos vivem essa revolução em nome da luta de classes e do primado da economia (comunismo), ou do Estado (fascismo), ou ainda da raça (hitlerismo), o movimento legionário nasceu sob o signo do Arcanjo Miguel e triunfará pela graça divina. Por isso, enquanto todas as revoluções contemporâneas são políticas, a revolução legionária é espiritual e cristã. Enquanto que todas as revoluções contemporâneas têm como objectivo a conquista do poder por uma classe social ou por uma pessoa, a revolução legionária tem como objectivo supremo: a salvação da nação[58], a reconciliação da nação romena com Deus, como disse o Capitão. Por isso, o sentido do movimento legionário diferencia-se de tudo o que se fez até hoje na história, e a vitória legionária trará consigo não só a restauração das virtudes da nossa nação, uma Roménia valorosa, digna e poderosa, mas criará também um homem novo correspondente a um novo estilo de vida europeia. Um homem novo nunca nasceu de um movimento político, mas sempre de uma revolução espiritual, de uma grande renovação interior.*"[59]

Estas considerações de Eliade, expressas pouco antes das eleições legislativas que iriam testemunhar o

---

57) Trata-se do número citado no dossier do *Toladot*.

58) Estas palavras (em romeno: revolutia legionaria are drept tinta suprema mântuiera neamului) são reproduzidas no *Toladot* na segunda parte da citação atribuída a Eliade: um exemplo clássico, constatamo-lo, de misturar o verdadeiro com o falso.

59)Miscarea Legionaria, *Adevarul în procesal Capitanului*, Traian Golea, EUA (sem indicação da localidade), 1980 (reimpressão anastática do original de Agosto de 1938) pp. 76-77.

triunfo da Guarda de Ferro e a eleição para a câmara de 66 deputados legionários, entre eles o próprio Eliade, estavam tão conformes à doutrina da Guarda que Codreanu tinha que os consultar para o essencial uma vez que resumiam o sentido do legionarismo e a sua especificidade em relação aos movimentos políticos da época.

Com efeito, durante a conversa que teve em Março de 1938 com Julius Evola (dois meses antes do processo), o Capitão tinha declarado: *"podem-se distinguir três aspectos em todo o ser vivo (...), o do corpo como forma, o das forças vitais, o aspecto espiritual. De maneira análoga, todo o movimento de renovação, pese embora o seu carácter global, pode, segundo o legado, a tradição e a dotação especial do povo do qual emerge, dar mais importância ao que corresponde a um destes três aspectos, sem por isso excluir os outros. No fascismo, creio, salienta-se sobretudo o aspecto 'forma', no sentido de potência formadora, capaz de modelar o Estado e a civilização, em conformidade com o grande legado romano. No nacional-socialismo, é o elemento biológico o que mais sobressai, o mito do sangue e da raça, que corresponde ao elemento 'vital' de todo o ser. A Guarda de Ferro, em contrapartida, quer apoiar-se sobre o aspecto puramente espiritual, religioso, e a partir daí passar à realização da sua obra."*[60]

Voltando ao excerto citado de Eliade, é evidente que Culianu comete uma inexactidão quando nega categoricamente que o seu mestre *"tenha publicado o que quer que fosse em Buna Vestire"*[61], ainda para mais

---

60) J. Evola, *"Nella tormenta romena: voce d'oltretomba"*, in *Quaderni*, 11 de Dezembro de 1938, p. 6; retomado in C. Sburlati (ed.), Codreanu e la Guardia di Ferro, Volpe, Roma, 1977, pp. 81-82.
61) I.P. Culianu, *"Mircea Eliade und die blinde Schildkröte"*, op. cit., p. 235.

quando cita esse mesmo número de 17 de Dezembro de 1937, no qual figura a passagem lida por Codreanu perante os juízes. Culianu comete outra inexactidão, como vimos, quando nega, igualmente, que Eliade pertencesse a um *cuib* da Guarda de Ferro.

Quanto à segunda parte da nota de Culianu, concernente à questão do encontro de Julius Evola com Codreanu e Eliade, esta encontra-se completada por um post-scriptum escrito por Culianu em 1983 e publicado na edição alemã do seu estudo, como resultado de uma verificação posterior.

"A minha suposição", escreve Culianu, *"foi confirmada pelo próprio Mircea Eliade, Fragmentos de um Diário II. 1970-1978, Paris, 1981, p. 193 e seguintes. Eliade encontrou-se efectivamente com Evola, e isso aconteceu no domicílio de Nae Ionesco. Evola mantivera, nessa manhã, uma conversa com Codreanu e tinha ficado impressionado com o seu misticismo. No seu Diário, Eliade anotou com uma subtil ironia as reacções de Evola perante as argumentações do seu interlocutor, as quais reflectiam ausência total de critério político em Codreanu. As relações de Eliade com Evola são descritas com uma ironia desprendida. Eliade nunca esteve disposto a tomar a sério 'iniciados' como Evola e Guénon dado que, como ele mesmo disse, escrevia para outro público."*[62]

Culianu contradiz aqui o que afirmava na sua monografia do ano 1978, onde pensava ser *"oportuno colocar também a Guénon e a Evola"*[63] entre os autores que *"contribuíram de maneira decisiva para a formação da teoria histórico-religiosa de Eliade"*[64]. O nosso

---

62) Idem, p. 243, nota 95, Post-scriptum, 1983.
63) Idem, p. 146.
64) Ibidem.

Grande Manifestação Legionária - 6 de Setembro, 1940

estudo, de qualquer das maneiras, não é o quadro mais adequado para ver até que ponto Eliade levava a sério Evola e Guénon, ainda que as referências explícitas a estes dois autores não sejam muito numerosas na sua obra[65]: sobre as *"concordâncias entre o pensamento de Eliade e o dos conhecidos mestres da Tradição, como Julius Evola e René Guénon (...) nem fortuitas nem marginais"*[66], o leitor poderá consultar os estudos de Piero Di Vona e Crescenzo Fiore[67].

Quanto à "subtil ironia" que Eliade, segundo Culianu, manifestaria no seu *Diário* a propósito de um Evola fascinado pela "antipolítica" do Capitão da Guarda de Ferro, confessamos que não a conseguimos captar na passagem recordada por Culianu, e que é preciso reproduzir aqui:

"conheci-o (Evola), em 1937, em casa de Nae Ionesco. Para além de nós três, estavam também presentes Octave Ionesco e a então companheira do nosso professor. Nessa mesma manhã, Evola tinha tido a oportunidade de conversar com Codreanu, e esse encontro tinha-o impressionado muito. Evola tinha-lhe perguntado sobre a táctica política que preparava e acerca das probabilidades

---

65) Sobre Guénon, cf. M. Eliade, *Occultisme, sorcellerie et modes culturelles*, Gallimard, Paris, 1978, pp. 67, 70-71, 89-92 (edição original: *Occultism, Witchcraft and Cultural Fashions*, University of Chicago Press, Chicago, 1976). Sobre Evola, cf. as resenhas de "Il valore dell'occultismo nella cultura contemporanea" (in Bilychnis, XVI, 11, Novembro de 1927, pp. 250-269) e de *Rivolta contro il mondo moderno* (Milão, 1934), publicadas respectivamente in Cuvântul, III; 943, 1 de Dezembro de 1927, pp. 1-2 e em Vremea, VIII, 382, 31 de Março de 1935, p. 6. Não esqueçamos que Evola, sob o pseudónimo de C. d'Altavilla traduziu, para a Bocca, em 1953, o ensaio de Eliade *O Xamanismo e as Técnicas Arcaicas de Êxtase*. Finalmente, ver as cartas de Evola a Eliade reproduzidas in R. Scagno - M. Mincu (ed.), *Mircea Eliade e l'Italia*, op. cit., pp. 252-257.

66) C. Fiore, op. cit., p. 14.

67) P. Di Vona, Evola e Guénon, *Tradizione e Civiltà*, Società Editrice Napolitana, Nápoles, 1985; C. Fiore, op. cit. – No que diz respeito ao interesse de Eliade pela alquimia e a influência que exerceriam sobre as suas investigações os anteriores trabalhos de Evola, cf. M. Pucciarini, "J. Evola, l'alchimia ed il tradizionalismo", in Vie Della Tradizione, 67, Julho - Setembro de 1987.

Julius Evola, em 1973

da Legião, nas próximas eleições, Codreanu tinha-lhe retorquido falando-lhe dos efeitos do encarceramento sobre o indivíduo, sobre a ascese que suscita, sobre as virtudes contemplativas que se podem manifestar, numa solidão, num silêncio e numa obscuridade que são como que os meios através dos quais o indivíduo

Manifestação Legionária - 6 de Outubro, 1940

se revela a si mesmo. Evola ainda estava maravilhado. Recordo vagamente as observações que então fez sobre o desaparecimento das disciplinas contemplativas no combate político do Ocidente."

Ademais existe um testemunho digno de crédito, de onde sobressai uma atitude muito diferente da "subtil ironia", neste há um facto de que nos apercebemos claramente, sem que, contudo, tal seja narrado de maneira explícita, a saber: que Eliade assistiu ao encontro entre Evola e Codreanu, encontro que, segundo este testemunho, teria tido lugar na Casa Verde, sede central do movimento legionário.

Trata-se do testemunho de Vasile Posteuca, o qual explica que Evola, chegado à Roménia, para conhecer Codreanu, teria vindo primeiro a casa de Eliade.

"Não posso transcrever aqui em detalhe", disse Posteuca, *"o que me referiu Mircea Eliade (possivelmente escrevê-lo-á ele mesmo); contentar-me-ei em assinalar que depois de uma conversa de dez ou doze horas, Evola ficou totalmente conquistado pela força espiritual do Capitão (...). Nunca olvidarei as horas parisienses nas quais Mircea Eliade, com a sua benevolência e a sua calma tão características, (...) me explicou esse episódio do encontro histórico em Bucareste. Confirmou-me tudo o que já sabia sobre o chefe da Legião, mas sob um ponto de vista e com uma palavras que me eram desconhecidas até à data."*[68]

Posteuca conclui: *"Eliade poderia escrever um livro maravilhoso sobre o Capitão."*[69]

A tentativa feita por Culianu para "reabilitar" Eliade perante os olhos do público democrático e bem pensante não parece pois ter triunfado de todo, se bem que seja verdade que outros apologistas, como por exemplo Mario Bussagli, tenham querido liquidar a *"grande simpatia (de Eliade) pela Guarda de Ferro"* apresentando-a como fruto do *"entusiasmo juvenil"*[70]; tese esta, que o próprio que a formula contradiz abertamente, já Bussagli escreveu que em 1939 *"Eliade (...) certamente não era hostil à Guarda de Ferro"*[71]. Para

---

68) Idem, p. 36.

69) M. Bussagli, artigo citado, p. 727.

70) Idem, p. 723.

71) Idem, p. 721.

Legionários Assassinados Exibidos em Bucareste -
21 e 22 de Setembro, 1939

mais, em 1932, Eliade tinha 32 anos, não sabemos até

que ponto é lícito atribuir ao *"entusiasmo juvenil"* as posições de um homem dessa idade. Mas ainda há outra contradição na tese de Bussagli: se em 1939 Eliade não era hostil à Guarda de Ferro, em que é que consiste o *"afastamento de Eliade"*[72] de Nae Ionesco, o mau mestre que, com a sua *"adesão claramente desonesta"* (sic) às *"posições extremistas"*, *"implica, de maneira absurda, um dos seus alunos, o qual ficará marcado por isso"*[73]?

Nas exéquias de Nae Ionesco, falecido a 15 de Março de 1940 em circunstâncias obscuras[74], foi Eliade quem pronunciou o elogio fúnebre.[75] Se o aluno se tivesse desvinculado verdadeiramente do mestre, não teria sido difícil encontrar outro orador.

---

72) Ibid. – Por outro lado, o artigo de Bussagli demonstra por vezes um humor involuntário, como quando o autor afirma que aqueles que assassinaram o primeiro-ministro Duca, os Nicadori, eram "estranhos à Guarda de Ferro" (p. 722) ou, sobretudo, quando inventa os... "suicídios em massa dos legionários" (p. 724).

73) "Da Roménia, tínhamos sido informados que a morte do professor não fora natural, e que uma vez que sofria do coração, alguém do seu círculo lhe teria administrado medicamentos contra-indicados *para a sua doença, provocando assim a sua morte. Essa pessoa, suspeita de ter acelerado o fim do professor, relacionava-se com o Palácio e teria cometido semelhante acto instigada pela camarilha, em troca de uma importante soma em dinheiro.* (H. Sima, op. cit., Vol. I, p. 60)

74) Anónimo, "Note cu lexic potolit", in Carpatii, XXV, 20, Outubro-Novembro de 1979, p. 43. "Esse gesto merece ser qualificado de heróico, porque surge na época dominada pelo sanguinário (e provavelmente paranóico) rei Carol II" (Ibid., p. 43).

75) Guardia di Ferro, Al passo con l'Arcangelo, op. cit., p. 57; M. Eliade, Fôret interdite, p. 189.

Nae Ionesco

Capítulo V
A Tragédia Inédita

Porventura, Mircea Eliade já teria escrito o "livro maravilhoso sobre o Capitão", desejado por Posteuca.

Tratar-se-ia de um drama teatral, uma tragédia sobre a Guarda de Ferro e o seu Capitão jamais publicada pelo autor. A fonte desta informação não é outra senão Julius Evola, que o deu a conhecer oralmente a uma pessoa das nossas relações. Esta informação poderia ser confirmada pelo rumor (recolhido por nós mesmos nos círculos da imigração romena) segundo o qual Eliade teria deixado, entre os seus papéis, um manuscrito referente a Corneliu Z. Codreanu.

No início do romance *Dezanove Rosas*, do qual já assinalámos o seu conteúdo autobiográfico, o autor romeno Laurean Serdaru pergunta ao famoso escritor Anghel Dimitru Pandele (normalmente mencionado pelas iniciais ADP): "*...não escreveu, há uma trintena de anos, Orfeu e Euridice, tragédia em dois actos e cinco cenas?*"

Pandele responde:

"*Como é que conhece a existência de Orfeu e Euridice? Em toda a minha vida é a única peça que escrevi. Nunca foi representada e não a fiz publicar em lado algum, nem sequer fragmentos nas revistas da época!*" A metade do romance, falando com o seu secretário, ADP volta ao assunto: "*desde aí, achei que Orfeu e Euridice era uma má peça, uma peça malograda, e nunca mais tive curiosidade em relê-la... Mas, depois da chamada telefónica de Niculina não sei o que é que me deu, procurei o manuscrito e meti-o na minha pasta. Bom! Reli-a duas vezes e não era nada má! Evidentemente é uma peça da juventude, com os defeitos característicos dos debutantes. Mas, se tivesse continuado, teria escrito cada vez melhor. Seria hoje, não hesito em dizê-lo, um grande autor dramático. Porém, algo aconteceu, algo que de que não me consigo recordar e que desempenhou o papel de um trauma. Depois…"*

A tragédia de ADP tinha sido representada no Teatro Nacional de Sibiu *"somente uma vez (…) em Dezembro de 1938"*; e a propósito *"desse Natal de 1938 passado em Sibiu"*, disse ADP, *"ainda alguns dias antes, não imaginava o que se iria passar nesse dia. Algo que mudou radicalmente a minha vida."* Como vimos, o ano de 1938, na vida de Eliade, é o do campo de concentração e da morte de Codreanu. Provavelmente Sibiu corresponde a Miercurea Ciuc, de maneira que as referências a *Orfeu e Euridice* podiam corresponder a uma eventual leitura da tragédia de Eliade sobre a Guarda de Ferro perante o público legionário do campo. Sabemos com efeito graças ao testemunho de Radu Gyr e graças ao romance *Bosque Proibido* de Eliade, que no dormitório do velho mosteiro, os prisioneiros organizavam "veladas"[76] de carácter literário.

Tudo isto lembra a peça escrita por Ciru Partenie, o personagem de *Bosque Proibido* que dissimularia a figura de Nae Ionesco. A obra de Partenie intitulava-se precisamente *A Velada Fúnebre*, mas *"não foi encontrada entre os seus papéis"*.

Em *Bosque Proibido* a paternidade da redacção desse trabalho teatral desaparecido era pois atribuída a Partenie Ionesco. No seu livro mais recente, *Dezanove Rosas*, é atribuído pelo contrário, com maior verosimilhança, a ADP, uma personagem que compartilha com Eusebiu, o seu secretário, a função de representar Mircea Eliade.

Porquê o título de *Orfeu e Euridice*? A observação de Bibicescu sobre os livros de Partenie, ou seja que *"todos os seus títulos são camuflagem"*, vale também para a obra de ADP? Jesi assinalava que o *"orfismo"* dos

---

76) F. Jesi, *"Cultura di destra e religione della morte"*, op. cit., p. 19.

antigos trácios era um tema recorrente na cultura dos *"intelectuais do tradicionalismo"* que actuavam *"nos bastidores da Guarda de Ferro"*.

Efectivamente, a referência a Orfeu e a tradição órfica não falta na literatura romena tradicionalista (frequentemente filolegionária) dos anos 30: numa série de artigos publicados em 1937-1938 na revista *Estudos Tradicionais* e reunidos recentemente num volume, Vasile Lovinescu, aliás Geticus, assinalava em Orfeu uma das hipóstases através das quais a tradição dácia define a função do Rei do Mundo.

Eliade, que dedica ao orfismo o capítulo XXII da sua *História das Crenças e das Ideias Religiosas*, põe na boca do seu alter-ego ADP:

"a parecença entre Orfeu e Jesus descobri-a bem mais tarde", quer isto dizer, muito tempo após o ano de 1938. Em 1938, por consequência, se foi nessa época que foi escrito o drama de Eliade sobre a Guarda de Ferro, o Orfeu de ADP-Eliade não era uma metáfora de Jesus: a aventura de *Orfeu e Euridice* representava outra coisa. As palavras de ADP são enigmáticas: *"Para mim, Euridice morreu definitivamente, enquanto que para Orfeu, ela nunca deveria morrer, ainda que tendo de permanecer para sempre nos infernos. Não obstante, se a minha interpretação está correcta, isso significa que à época, em Dezembro de 1938, não vi nessa jovem actriz a encarnação de Euridice, vi sim outra coisa! Então, não cesso de me perguntar, a quem?"*

Casa Verde (em construção)

Casa Verde (terminada), sede da Guarda de Ferro, onde Mircea Eliade, Julius Evola e Corneliu Codreanu confraternizaram.

Capítulo VI
Um Testamento em Forma de Romance

Retomando a terminologia de Eliade, *Bosque Proibido*, é o romance da amnésia, enquanto que *Dezanove Rosas* é o romance da anamnese. Com o primeiro, o autor apaga da sua memória a experiência legionária transferindo para Partenie-Ionesco o que lhe pertencia a ele, a Eliade. Em *Dezanove Rosas*, escrito por Eliade alguns anos antes da sua morte, o recobro definitivo da memória está anunciado: ainda que dentro dos termos cifrados de um romance "críptico", Eliade reivindica o período da sua vida vinculado à epopeia legionária.

"Sem dúvida que compreendeu", disse ADP ao seu secretário, *"que o espectáculo organizado por Ieronim tem como objectivo, em primeiro lugar, completar o processo de anamnese iniciado este Verão. Mas aquilo que só eu sei, é que essa anamnese, já a completei há algum tempo. Recordei-me de tudo o que aconteceu durante a noite de Natal de 1938."*

Mais adiante, falando com Niculina, ADP declara:

"(…) agora sei quanto medo tive, em 1938, e repito-lhe, sinto medo outra vez". *"Quem não tem medo perante as portas da redenção?"*, pergunta-lhe Niculina.

O personagem de Ieronim mencionado por ADP é Ieronim Thanase, uma estranha figura de filósofo e esoterista rodeado de jovens discípulos, *"paralisado numa poltrona"* que atribui a sua incapacidade a um erro cometido no passado:

"cometi um erro nalgum lado. Nalgum lado, não sei onde, num papel que desempenhei mal, numa encenação

errada, não sei". Aqui é difícil para o leitor não pensar em Julius Evola, na paralisia que sofreu depois de um bombardeamento e nas explicações desta "contingência" proporcionadas pelo próprio e por terceiros.

"Há pessoas que fizeram circular uma explicação segundo a qual a contingência que me aconteceu teria sido consequência de não sei qual empreendimento 'prometaico' "[77], refere Evola, o qual, rechaçando essa versão como "pura imaginação", diz estar convencido de que a verdadeira causa do que lhe tinha acontecido deveria ser procurada, para lá dos acontecimentos externos, indo até ao "estado pré-natal"[78]. *"Para mais"*, escreve, *"se alguma vez, graças a uma maior iluminação, uma 'recordação' desse calibre aflorasse, certamente que se apresentaria a possibilidade de modificar, querendo-o, o próprio estado físico"*[79].

Esta convicção de Evola é a mesma de Ieronim Thanase:

"mas, quando eu tiver descoberto a causa - porque os médicos interrogam -se desde há um ano a esta parte sem encontrar nada -, quando a descobrir, a cura efectuar-se-á por si mesma."

Por outro lado, Thanase parece também lembrar-se das posições trans-idealistas do Evola filosófico (o "idealismo mágico"), assim como as do Evola que estuda a Tradição e que escreve que "é necessário outorgar um

---

77) J. Evola, Il cammino del Cinabrio, 2ª edição, Scheiwiller, Milão, 1972, p. 163.
78) Idem, p. 163.
79) Ibidem, p. 163.

valor à história em função do seu conteúdo místico"[80]. Thanase declara com efeito: "*eu, em todo o caso, atrevo-me a compreender Hegel de outro modo e a corrigi-lo. De acordo, cada acontecimento histórico constitui uma nova manifestação do Espírito universal. Mas isto não significa que devamos limitar-nos a compreendê-lo e a justificá-lo. Devemos ir mais longe e decifrar o seu significado simbólico. Pois, todo o acontecimento, todo o facto quotidiano comporta um significado simbólico, ilustra um simbolismo primordial, trans-histórico universal*".

Em função do precedente, parece-nos lícito afirmar que uma tentativa de hermenêutica aplicada ao romance *Dezanove Rosas* deveria ter em conta uma hipótese formulada desta forma: a acção de Thanase e dos seus discípulos, com a subsequente anamnese, realizada por ADP, remete para a evocação da figura de Codreanu feita por Evola e para o interesse pela Guarda de Ferro cultivado nos ambientes evolianos ou influenciados, de um modo ou de outro, pela obra de Evola; todas as coisas que se impuseram à atenção de Eliade, contribuem, ainda que seja numa medida não determinante, para a maturação da sua anamnese.

Trata-se, repitamo-lo, de uma simples hipótese; mas, concordarão connosco, não é uma hipótese assim tão estranha. Para mais, se quiséssemos aprofundar uma análise interpretativa de *Dezanove Rosas*, haveria numerosos elementos a realçar, tais como outros tantos temas relacionados com o mundo ideal da Guarda de Ferro e, igualmente, a relação que Eliade teve com esse mundo. O próprio título do romance poderia ter um vínculo simbólico com os dezanove membros da "equipa dirigente" legionária julgados durante o fatídico ano de

---

80) J. Evola, Rivolta contro il mondo moderno, 2ª edição, Bocca, Milão, 1951, p. 18 (Edição portuguesa: *A Revolta Contra o Mundo Moderno*, Dom Quixote, 1989. NDT).

Homenagem a Corneliu Codreanu - 1 de Dezembro, 1940

1938. Mais significativo ainda, já que relacionado com o simbolismo legionário: o papel do número 13. *"Tive que deitar fora seis rosas"*, diz Ecaterina. *"Ficam pois treze, treze trazem boa sorte!"*, exclama sorrindo o secretário de ADP. Já que, é sabido

que o número treze era o número emblemático da

Carol II - Responsável pela perseguição à Guarda de Ferro

Guarda de Ferro e do seu Capitão, como se depreende do manual dos dirigentes legionários[81], do facto de os membros de um *cuib* poderem ser no máximo treze e da passagem seguinte de Vasile Posteuca, o interlocutor já citado de Eliade: "*de um lado está o corpo do Capitão, multiplicado por outros treze corpos. Contamo-los para nos convencermos de que estão todos ali. Sim, são treze. O sentido misterioso do treze atravessa-me velozmente o espírito. Igualmente na sepultura, o Capitão fez parte do número treze. Foi sepultado com os seus 'treze enterrados vivos': os Nicadori e os decenviros.[82] E morreu com a idade de 39 anos: 3x13*"[83]. Corneliu Codreanu, de facto nascera a treze de Setembro de 1899.

---

81) Na *Carticica sefului de cuib*, de C.Z. Codreanu, no Ponto 12, "*Que mais assuntos se podem discutir nos Cuiburi?*" Numa séria de temas destinados a serem aprofundados pelos "ninhos estudantis" e pelas "Fraternidades da Cruz", o ponto número 13 foi deixado em branco. E isto porque era sabido que o número 13 correspondia ao Capitão da Legião. Cf. C.Z. Codreanu, *Il Capo di Cuib*, Ar, Pádua, 1974, página 26 e nota.

82) Chamaram Nicadori (com base nas letras dos seus nomes e apelidos), aos três legionários que, na noite de 29 para 30 de Dezembro de 1933, executaram o primeiro-ministro Duca, chefe do Partido Liberal, julgado responsável pela primeira grande onda de perseguições contra a Guarda de Ferro; Foram chamados Decenviros - porque foram 10 - os legionários que, a 16 de Junho de 1936 executaram o traidor Mihaïl Stelesco, condenados a prisão perpétua, estes treze homens foram assassinados, com Corneliu Codreanu, no bosque de Tâncabesti, na madrugada de 30 de Novembro de 1938.

83) V. Posteuca, op. cit., p. 17.

Capítulo VII

Eliade e o Holocausto

Numa obra colectiva recentemente editada pela Jaca Book (*Esploratori del pensiero umano. Georges Dumézil e Mircea Eliade*, organizada por Julián Ries e Natale Spineto), a contribuição do professor Roberto Scagno intitulou-se: "*Algumas precisões sobre o compromisso político de Mircea Eliade na Roménia de entre-guerras: um comentário crítico ao dossier 'Toladot' de 1972*".[84]

Do compromisso filolegionário de Eliade ("*A actividade fascista de Eliade*", retomando um sintagma refinado de Cesare Medail, que fez uma resenha de um colóquio consagrado ao volume acima no *Corriere della Sera* de 6 de Fevereiro de 2001) já tivemos ocasião de nos ocupar, por nossa parte, em alguns escritos aos quais o professor Scagno faz alusão. Mas vamos por partes.

Analisando de uma maneira sintética o "*trajecto subterrâneo e tortuoso*" da obra de "*desinformação*" que abriu caminho ao tristemente famoso dossier do boletim israelita *Toladot*, Roberto Scagno põe em evidência dois "*momentos italianos*". O primeiro está representado por um ensaio publicado em 1989 em *Marxismo Oggi* por Alfonso M. Di Nola (que deu início à sua campanha contra Eliade em 1997 na *La Revue Mensuelle D'Israêl*) enquanto que o segundo corresponde a um escrito de Cristiano Grottanelli, *Alfonso M. Di Nola e Mircea Eliade,* incluído no volume constituído por diversas contribuições *Antropologia e storia delle religión. Saggi in onore di Alfonso M. Di Nola*, por A. De Spirito & I. Bellotta, Newton & Compton, Roma, 2000. No que se refere ao escrito de Grottanelli, o professor Scagno relata a seguinte passagem na página 279: "*Ainda me recordo de uma das suas*[85] *rápidas visitas ao meu apartamento na*

---

84) pp. 259-289 da obra.
85) de Di Nola.

rua Viminale que teve lugar em 1989. Lembro-me bem, ia acompanhado por Ireneo Bellotta, nessa altura acabava de ser publicado, pelas neofascistas Edizione del Veltro, o pequeno livro do filoguardista Claudio Mutti, Mircea Eliade e a Guarda de Ferro. Comprara-o e tinha-o como uma espécie de troféu. Tempos depois, Mutti, após ter debatido sobre Codreanu com outro famoso filoguardista, nas colunas de Sabato, publicou um livrinho um pouco mais volumoso, Le Penne Dell'Arcangelo[86], que verdadeiramente apresenta o balanço definitivo, ou quase, sobre a militância guardista de Eliade".

Interrompemos por um instante a passagem de Grottanelli apresentada por Scagno, para satisfazer a legítima curiosidade do leitor quanto à identidade do outro "famoso filoguardista". Trata-se de Franco Cardini, cujo nome se encontra aliás citado *expressis verbis* no texto de Grottanelli, enquanto que desapareceu, por uma compreensiva distracção, na citação de Scagno. Em qualquer dos casos, devemos precisar que nós nunca debatemos *"sobre Codreanu"* nas páginas de *Sabato*, nem com Cardini nem com qualquer outra pessoa. Dito isto, transcrevemos a segunda parte da passagem de Grottanelli: *"a atitude de Mutti é curiosa. Na página 36 do seu livro mais recente escreve sobre Nola 'recapitulando num grande artigo (Mircea Eliade tra scienza delle religioni e ideologia 'guardista', em Marxismo Oggi nº 5-6, 1989, pp. 66-71) os termos do debate que se desenvolveu em redor do caso Eliade, reivindica o mérito de o haver provocado em Itália enquanto mais não faz do que engendrar novas falsificações da realidade'. Sem embargo, os dois pequenos trabalhos de Mutti confirmam substancialmente, e reforçam, aquilo que Alfonso M. Di Nola já percebeu em*

---

86) Le penne dell'Arcangelo (As Plumas do Arcanjo), Società Editrice Barbarossa, Milão, 1994.

1977. Como se explica essa contradição? Simplesmente pelo facto de que Di Nola escrevia desde um ponto de vista antifascista, enquanto que Mutti apresenta os mesmos factos e muitos outros do mesmo género, com base numa perspectiva oposta."

Embora a nossa atitude possa parecer "curiosa" para Grottanelli, só podemos confirmar o que escrevemos. O artigo de *Marxismo Oggi* abunda em erros crassos, por exemplo as que na página 66 dizem respeito ao nome de baptismo de Codreanu (Corneliu, e não "Cornel") e a data do seu assassinato (a noite de 29 para 30 de Novembro, e não "a 30 de Outubro" de 1938). Os exageros consistem, por exemplo, em qualificar Eliade como um "alto funcionário" do regime de Antonescu (p. 68). Também há falsificações da realidade quando Di Nola sustenta (p. 66) que, num artigo publicado em *Buna Vestire* a 17 de Dezembro de 1937, Eliade teria afirmado *"a sua fé (...) no nazismo"* e não unicamente no legionarismo, enquanto que Eliade escreveu algo totalmente diferente como se pode ver na tradução que publiquei na página 36 de *Le Penne Dell'Arcangelo*.

Depois de ter citado a passagem de Grottanelli, Roberto Scagno reconhece com benevolência que as investigações por nós efectuadas representam *"certamente um salto qualitativo a nível da seriedade científica em relação ao que Di Nola escreveu seguindo o caminho traçado por 'Toladot'."* Não obstante, acrescenta Scagno: *"Mutti sustenta a tese de uma militância directa de Eliade na Guarda de Ferro apoiando-se unicamente em testemunhos do pós-guerra de ex-legionários"* para mais, na nota 30 da página 280 Scagno indica as fontes utilizadas por nós, mas está claro que não as considera decisivas, já que utiliza o termo "presumível" para definir a eleição de Eliade como deputado aquando das

Exército Nacional Romeno
(constituído por legionários sob a ocupação alemã)

eleições de Dezembro de 1937 e a sua pertença a um *cuib* legionário.

Uma vez que põe em dúvida a candidatura de Eliade numa lista do partido legionário Totul Pentru Tara nas eleições de 1937, queremos aproveitar a ocasião para assinalar a Roberto Scagno um testemunho suplementar. Desta vez não se trata de um testemunho do pós-guerra de um ex-legionário, mas sim de uma anotação contida no diário de Mihail Sebastian. Com data de segunda-feira, 15 de Novembro de 1937, o intelectual judeu escreve: "*Mircea inscreveu-se nas listas eleitorais. Também isto constitui um sinal.*"[87]

Esta anotação escapou evidentemente ao professor Scagno, mas não a Alexandra Laignel-Lavastine, a qual, comentando a edição romena do *Diário* de Sebastian no *Le Monde*, a 12 de Setembro de 1997, escreveu: "*as observações de Sebastian com data de 7 de Dezembro de 1937 são de grande valor: trazem a confirmação de que Eliade participou realmente na campanha eleitoral da Guarda de Ferro, percorrendo o país de aldeia em aldeia com as suas equipas de propaganda. Um activismo que ele sempre negou.*"

"*Discutível é para além disso*", segundo o professor Scagno, "*a interpretação 'mítico-esotérica' dos escritos científicos de Eliade*", na qual se apoiaria a nossa "*tese de um Eliade 'teórico do guardismo'*" em *Mircea Eliade e a Guarda de Ferro* e em *Le Penne Dell'Arcangelo*.

Na realidade, a nossa tentativa de exegese não considerou somente os escritos científicos de Eliade, também se referiu a certos aspectos da sua produção literária: ocupámo-nos muito mais do que outros do romance *Dezanove Rosas* (em *Mircea Eliade e a Guarda de Ferro*) e da tragédia *Ifigénia*.

Seja como for, não somos os únicos a pensar que na prosa literária de Eliade estejam presentes elementos que aludem à experiência legionária do autor, ao fenómeno legionário e a Corneliu Codreanu. Citando uma voz mais autorizada do que a nossa, recordaremos que no seu *Jurnalul Fericirii* (*Diário da Felicidade*) Nicolas Steinhardt escreve textualmente que a novela *Adio* (*Adeus*) "*é uma elegia legionária*" (*Jurnalul Fericirii*,

---

87) M. Sebastian, *Jurnal* 1935-1944, Humanitas, Bucareste, 1996, p. 130.

Dacia, Cluj, 1994, p. 368), enquanto que Ion Culianu (*Mircea Eliade*, Nemira, Bucareste, pp. 234-235) afirma que na novela *Un Om Mare* (*Um Grande Homem*), publicada por Eliade antes do seu *Luceafarul* em 1948, e posteriormente em *Crónica*, de 1967, Corneliu Codreanu se esconde por detrás do personagem de Eugèn Cucoanes. A mesma novela atraiu também a atenção de Florea Tiberina ("*Portretul Capitanului sal raspunsul lui Eliade*", *Puncte Cardinali*, Julho-Agosto, 1995, p. 9), que também faz uma análise análoga de *Fata Capitanului* (*A Filha do Capitão*). Finalmente, numa entrevista publicada em *Lumea Magazin*[88], Serban Milcoveanu diz que a edição de 1939 de *Intoacerea Din Rai* (*Regresso do Paraíso*) continha uma terceira parte intitulada *Sinteza* (*Síntese*), na qual Eliade expunha sob uma forma literária a essência do projecto legionário.

É por isto que dizem que os nossos escritos sobre Eliade são parecidos, "*mesmo se com uma perspectiva intencionalmente oposta, com as teses de Furio Jesi*" (R. Scagno, op. cit. p. 280), faz-nos pensar na teoria dos extremos opostos e convergentes. Se quisermos encontrar um prolongamento das "*especulações de Furio Jesi*" há que procurar noutra parte. Por exemplo, nos delírios de Wasserstrom ou bem no artigo de Gianluca Nesi intitulado *Mircea Eliade e a Mitologia Nazi do Sacrifício Hebraico*[89], que termina com a espantosa revelação do terrível segredo de Eliade. Nesse artigo, é a Jesi e a nós que Nesi evoca quando escreve que "*nos escritos de Eliade dos anos 30 e 40 - e também na sua obra posterior, mas de um modo menos evidente - é possível ver o seu desejo de destruição do mundo moderno, e a fundação de um novo Reich, mediante o*

---

88) nº 2, 1996.

89) Rivista di filosofia, vol. LXXXIX, nº 2, Agosto de 1998, pp. 271-304.

Campos de Trabalho Legionário

sacrifício dos judeus."

Esta "*mensagem secreta*" da qual Furio Jesi descobriu a presença no coração da obra de Eliade, só diz respeito ao seu digno epígono, Nesi, e em nada ao autor destas linhas!

Contudo, não obstante, constataremos que esse

jornalista, que no *La Repubblica* acusava Eliade de ter *"entregue aos SS os judeus romenos"*, fez escola.

Os Decenviros

Legionários Refugiados na Alemanha

Capítulo VIII
Ifigénia Legionária

Na quarta-feira 12 de Fevereiro de 1941, na sala Comédia do Teatro Nacional de Bucareste (dirigido nessa altura pelo romancista Liviu Rebreanu) era levado à cena, pela primeira vez, *Ifigénia*, drama em três actos e cinco cenas que Eliade tinha escrito no final do Outono de 1939. A ópera era dirigida pelo director cénico Ion Sahighian e musicalizada por N. Buicliu; o papel principal recaiu em Aura Buzescu. Entre Fevereiro e Março tiveram lugar dez representações, Eliade não pôde assistir pois encontrava-se no estrangeiro há vários meses. As notícias que chegaram ao autor a respeito do êxito da peça não foram exultantes: *"diziam-me - escreve Eliade nas duas Memórias - que lhe faltava 'vigor dramático', o que é provavelmente verdadeiro. Se Ifigénia possui algum mérito, será necessário procurá-lo noutro lado."*

O texto dactilografado do drama, conservado na biblioteca do Teatro Nacional, foi editado por Mircea Handoca em 1974[90]. Mas já anteriormente, em 1951, uma edição mecanografada do texto, à qual Eliade fez ligeiras modificações formais, fora publicada na Argentina por intermédio de um grupo de exilados romenos[91]. A edição argentina tinha uma dedicatória *"à memória de Haig Acterian e Mihail Sebastian"* e um prefácio do autor, no qual se lia *"publico com alegria, mas também com um aperto no coração, esta obra juvenil, que tanto agradava, quando foi escrita, aos meus amigos Haig Acterian, Mihail Sebastian, Constantin*

---

90) M. Eliade, "*Ifigenia*", Manuscriptum nº 1, Bucareste, 1974. Com uma breve apresentação de M. Handoca, "Mitul Jertfei Creatore" (O Mito do Sacrifício Criador), páginas não numeradas. A grafia Ifigénia figura somente no título; no corpo do texto é empregue a forma Iphigénia.

91) M. Eliade, Iphigenia, Carta Pribegiei, Valle Hermoso, 1951.

Noica e Emil Cioran. Dois dos meus melhores amigos já não estão entre nós. Dedico-lhes este texto, que todos juntos desfrutámos no crepúsculo da nossa juventude."

Mihail Sebastian não foi à estreia de Ifigénia. *"Teria tido a impressão de assistir a uma reunião de cuib"*, escreveu no seu diário o dramaturgo judeu. Esta suspeita foi-lhe confirmada telefonicamente por Nina Mares, a esposa de Eliade, a qual lhe disse que a representação tinha tido um grande êxito e que pela sua temática a obra poderia vir a ser proibida pelas autoridades. Cerca de vinte dias antes, com efeito o general Antonescu tinha instaurado a ditadura militar e estava à procura da forma de liquidar o movimento legionário. Mihail Sebastian foi pois, mais tarde, assistir a uma representação e anotou: *"grande fracasso, um dos maiores fracassos do Nacional!"* Acrescentou também: *"[a peça] parecia muito mais interessante, tanto quanto me lembro, do que aquilo que me pareceu quando a li. Contudo, o espectáculo é vulgar, desprovido de estilo, desprovido de nobreza."*[92]

Na mesma altura, Petru Comarnescu (1905-1970) confiava também às páginas do seu próprio diário uma nota sobre o trabalho teatral de Eliade. Mas a apreciação de Comarnescu é um pouco diferente da de Sebastian: *"Ifigénia de Mircea Eliade, descreveu, representada no Teatro Comédia (o Nacional está em obras de depois do terramoto), deve muito a Eurípedes e a Racine, à parte do sonho de Ifigénia e da sua postura, com a qual Eliade quer recordar Codreanu. Montagem grandiosa, interpretação de bons actores como Aura Buzescu (Ifigénia) e Mihail Popescu (Aquiles). Possuem diferentes estilos de récita.*

---

92) M. Sebastian, Jurnal (inédito), citado in: C. Ungureanu, Mircea Eliade si literatura exilului (Mircea Eliade e la literatura no exílio), Viitorul Românesc, Bucareste, 1995, p. 140.

Aura Buzescu é estática e lírica. Mihail é estrepitoso, impetuoso, explosivo, extrovertido."[93]

Norman Manea, um autor que disse de Heinrich Böll *"mais do que nenhum outro (mais do que Kafka, Musil e Schulz) merece ser conhecido no mundo inteiro"*[94], escreverá meio século mais tarde: *"Em 1982, ano negro por causa da ditadura direitista e comunista (sic) de Ceausescu, assisti a uma representação da ópera de Eliade,* Ifigénia, *no Teatro Nacional de Bucareste. A ópera tinha sido representada pela primeira vez em 1941, outro ano negro, e em seguida publicada em romeno em 1951 numa publicação de direita editada na Argentina, cujo proprietário era um romeno expatriado (sic).*[95] *É inegável que em 1941 as tensões no exterior do Teatro, o estado de ânimo dos espectadores, os seus medos, o seu asco, a sua prostração e o seu desespero estavam em consonância com o trabalho teatral, num mal-estar extremo, numa espécie de exaltação da morte 'sublime'*

---

93) P. Comarnescu, "Romanul generatiei mele" (O Romance da Minha Geração), in "România si Europa. Studio si articole selection-ate si coordonate de J.C. Dragan" (A Roménia e a Europa. Estudos e Textos Seleccionados e Ordenados por J.C. Dragan], Revista Funda-tiei Dragan nº 10, Roma, Maio de 1993, p. 459.

94) Esta singular apreciação do engenheiro judeu de Bucovina emi-grado em Nova Iorque é referia na badana de "Un paradiso forzato" de N. Manea, Feltrinelli, Milão, 1984.

95) Trata-se, evidentemente, de uma alucinação de Manea. Na reali-dade a edição argentina de *Iphigénia* foi "mecanografada e impressa por Grigore Manoilescu, com a ajuda de Andrei Koman", como se lê no final do fascículo. Quanto aos poderosos meios económicos do editor, o próprio Mircea Eliade escreveu no jornal *Românul* em Dezembro de 1951: *"Algumas vezes, seres com uma alma angélica doam as suas economias com o propósito de que se possam imprimir os versos e a prosa dos nossos sonhadores e dos nossos despertadores. Foi este o caso desse operário que vive na Argentina, Ion M[arii], que deu ao editor de Cartea Pribegiei todas as suas poupanças de um ano e meio de trabalho (Ion M[arii], primeiro membro honorário da Socie-dade de Autores Romenos, quando voltarmos para casa...)"*

Codreanu em Bucareste, funeral de Marin e Mota

por uma 'causa' gloriosa."[96]

A relação que existe entre o espírito legionário e a

96) N. Manea, "Felix culpa. Mircea Eliade, il fascismo e le infelici sorti della Romania", Linea d'ombra, nº 93, Maio de 1994.

temática central da Ifigénia eliadiana tampouco escapou a Eugen Weber: *"em algumas observações introdutórias à sua comédia [sic] Ifigénia (Valle Hermoso, 1951), escreve Weber, o professor Mircea Eliade explica que o sacrifício é uma concepção arcaica da qual falou numa obra do tempo da guerra, 'comentários à lenda do Mestre Manole' (Bucareste, 1943). Ifigénia dá a sua vida para que o exército [grego] possa conquistar a cidade [de Tróia]. Manole, um Mestre arquitecto de uma velha lenda romena, sacrifica a vida da sua esposa para que a igreja que constrói possa permanecer sólida. O sacrifício humano para que uma construção dure ou resista é equivalente à transferência mística da alma de um corpo mortal para uma nova construção: não se trata somente de dar uma alma à construção, mas também a vítima é revestida com um novo corpo, glorioso e mais duradouro. Para Manole, esse corpo será o mosteiro que está a construir. Para Ifigénia, será a guerra do seu pai Agamenon e a sua vitória contra a Ásia e Tróia."*[97]

Mas entre os irmãos espirituais de Ifigénia não se encontra somente o Mestre Manole: também deparamos com o jovem pastor da popular balada *Miorita (A Ovelhita)*. Mircea Handoca assinalou-o

---

97) E. Weber, *"Romania"*, in H. Roger y E. Weber, *The European Right. A Historical Profile*, op. cit., pp. 524-525. Cf. M. Eliade, *"Commenti alla leggenda di Mastro Manole"*, in *"I riti del costruire"*, Jaca Book, Milão, 1990, p. 90. "A referência que o historiador americano tentava explicar era, levando em conta a persistência de um núcleo ainda vivo das tradições populares, esse desejo de auto sacrifício que guia o movimento no primeiro período da sua existência até à instauração da ditadura do rei Carol II (1938)" (R. Scagno, Libertà e terrore della storia. Genesi e significato dell'antistoricismo di Mircea Eliade, Print centro copyrid, Turín, 1982, p. 20). Há que assinalar que Iphigénia foi escrita em Dezembro de 1939 e foi representada em 1941, de maneira que ainda não se devia ter apagado esse "desejo de auto sacrifício" que Roberto Scagno indica, com toda a justiça, como característica do Movimento Legionário.

oportunamente quando observou que *"a visão de conjunto, os méritos e os significados que o autor atribui ao mito [se situam] num espaço espiritual mioritico"*[98] chamando a atenção para estas palavras de Ifigénia: *"...Como se mostram os astros no meu matrimónio! O murmúrio da água, os sussurros dos abetos e o gemido da solidão: tudo está como eu o conheci..."* Com efeito, o tema da morte como matrimónio é dominante nas últimas palavras de Ifigénia: *"recorda-o, disse a heroína eliadiana a Agamenon, é a noite de núpcias. Agora, daqui a nada, serei uma esposa... porque é que todos se calam e já não se escutam os cantos esplendorosos das virgens? [...] mas porque é que já não se escutam os cantos nupciais? Porque é que os convidados não entrançam grinaldas com esplêndidas flores e porque é que a noiva continua com o triste hábito que envergou todo o dia? [...] tragam-me o véu de noiva!"* São frases essencialmente análogas às do jovem pastor de Miorita: *"Digam-lhes simplesmente que vou casar-me com uma formosa rainha, a esposa do mundo; que durante o meu matrimónio caiu uma estrela"*. Estudando a balada da *Ovelha* vidente, Eliade dirá que a *"morte assimilada ao matrimónio é [um motivo folclórico] arcaico que se enraíza na pré-história"*[99]. Ora este tema de origem pré-histórica converteu-se num elemento importante da espiritualidade legionária: *"a morte, somente a morte legionária, é o matrimónio mais desejado por todos nós"*, diz o hino do movimento, escrito pelo poeta Radu Gyr.

Outro poeta legionário, Domitru Leonties, retomará o mesmo tema em Miorita Legionária [A Ovelha Legionária]: *"diz à minha mãe [...] que viajo pelas nuvens com os Nicadori e os decenviros, que também*

---

98) M. Handoca, "Mitul jertfei creatoare", op. cit.
99) M. Eliade, "La pecorella veggente", in Da Zalmoxis à Gengis Khan, Ubaldini, Roma, 1975, p. 208.

tomaram esposa [...]"[100]

"Dois poderosos temas vinculados à mística da morte, lemos num ensaio de Z. Barbu, inflamavam a alma dos legionários. Um era essa tradição autóctone que constitui o tema central de uma das mais belas baladas romenas conhecidas: Miorita, onde o herói em perigo de morte consegue vencer o medo comparando a morte a um matrimónio, no qual ele mesmo é o noivo e a noiva é a natureza. Habitualmente diz-se que esta é a atitude 'típica' dos romenos perante a morte. O outro tema ainda mais poderoso era a ressurreição e a vitória, que se conquista através da morte segundo a mitologia cristã."[101] Podíamos contestar o reducionismo implícito evocativo da "mitologia cristã"; mas é mais importante salientar que o segundo tema, a conquista da vitória através da morte, se encontra claramente atestado em Ifigénia. A heroína não será sacrificada como a mulher do Mestre Manole, emparedada viva dentro do grande edifício: *"a minha alma - diz ela ao aproximar-se o sacrifício - não ficará encerrada dentro dos muros de um palácio como se fosse um corpo de pedra. A minha alma não fará perdurar nenhuma construção levantada pela mão do homem"*. A vida póstuma e a vitória de Ifigénia realizar-se-ão dentro de um acontecimento muito mais grandioso. Vendo as chamas da fogueira que consumirá o seu corpo, ela pronuncia estas palavras: *"o meu sepulcro não estará na terra! A alma de Ifigénia fará com que triunfe e perdure algo de um valor mais alto, noutro mundo! A alma de Ifigénia dará vida a uma grande guerra, a um sonho remoto! Encontrar-me-eis sempre aí, nos vossos actos heróicos, no vosso sonho mais precioso: Tróia."*

---

100) D. Leonties, Prin mlastini si furtuni (Por Mares e Tempestades), Dacia, Río de Janeiro, 1969, p. 84.
101) Z. Barbu, "Romania", in *Il fascismo in Europa*, coordenado por S.J. Wolf, Laterza, Bari, 1968, p. 183.

Com o seu sacrifício, explica o próprio Eliade, *"Ifigénia sobrevive nesse corpo 'místico' do sonho de Agamenon: a guerra contra a Ásia, a conquista de Tróia."*[102]

Eugèn Weber, como vimos anteriormente, cita os *Comentarii la legenda Mesterului Manole* na edição de 1943[103]; mas já durante o ano académico de 1936-37, como suplente do professor Nae Ionesco, Eliade tinha dado um curso sobre a lenda, analisando a valorização da morte ritual, *"a única morte criativa"*[104]. Viu uma nova manifestação desse *"mito central da espiritualidade do povo romeno"*[105] no sacrifício das mortes de Mota e Marin: *"a morte voluntária de Ion Mota e Vasile Marin -* escreveu Eliade - *possui um significado místico: sacrifício pela cristandade [...] Ion Mota, o cruzado ortodoxo, partiu valorosamente, com o coração em paz, para sacrificar-se pela vitória do Salvador"*[106].

Pondo tudo isto em conformidade com o ideal legionário do sacrifício gerador da vitória, pode dizer-se que a versão eliadiana da história de *Ifigénia* constitui uma manipulação instrumental do mito grego? Ou, retomando os termos de Furio Jesi, uma *"tecnificação do mito"*, ou seja, uma dessas *"pseudo-epifanias do mito criada deliberadamente para uns interesses determinados"*, que Károly Kerényi distingue claramente da *"epifania autêntica do mito, absolutamente espontânea e desinteressada"*[107]? Até

---

102) M. Eliade, *Iphigenia*, op. cit., p. 11.

103) M. Eliade, *Comentarii la legenda Mesterului Manole*, Bucareste, 1943; nova edição, in *Mesterul Manole*, Iasi, 1992. Edição italiana in *I riti del costruire*, op. cit.

104) M. Eliade, *I riti del costruire*, op. cit., p. 5.

105) Idem.

106) M. Eliade, *"Ion Mota si Vasile Marin"*, Vremea, nº 472, 24 de Janeiro de 1937.

107) F. Jesi, *Mito*, Isedi, Milano, 1973, p. 107.

mesmo Jesi, inimigo jurado de Eliade e da Guarda de Ferro, não o poderia sustentar em perfeita coerência consigo mesmo, uma vez que foi precisamente ele quem opôs as "ideias" do fascismo italiano aos rituais legionários, *"rituais no verdadeiro sentido da palavra"*[108]. Por outro lado, Eliade faz o que, segundo o ponto de vista de Jesi, não é possível: dito de outro modo, reactualizar o mito, absolutamente espontâneo e desinteressado, e isso, dentro do sentido definido por estas palavras de Handoca: *"poder-se-ia falar de uma autoctonização da antiga lenda, empreendida pelo autor romeno nos seus valores originais e não modernizados. Mircea Eliade volta à fonte do mito, aos arquétipos que se manifestam frequentes vezes numa variedade de expressões artísticas."*[109]

Para dar-se conta disto, bastará assinalar como a doutrina do sacrifício gerador da vitória se encontra claramente testemunhada na tragédia de *Eurípedes*. *"Eu - diz a Ifigénia de Eurípedes - venho a dar aos gregos uma salvação portadora da vitória. Levai-me, eu sou a triunfadora sob a cidade de Ílio e dos frígios"*[110]. Não é pois por uma razão qualquer que François Jouan assimilou a devotio dos romanos ao sacrifício da Ifigénia de Eurípedes. A *devotio* era na religião romana essa forma particular de votos pelos quais o comandante em chefe decidia imolar-se a si mesmo a fim de obter a vitória na batalha. *"Força e vitória"* (*Vim victoriamque*) pede aos deuses o cônsul Decio Mure, oferenda e vítima propiciatória ao mesmo tempo[111]. Este auto sacrifício gerado pela força e que produz a vitória é evocado por

---

108) F. Jesi, *Cultura di destra*, Garzanti, Milão, 1979, p. 32.

109) M. Handoca, *"Mitul jertfei creatoare"*, op. cit.

110) *"soterian Hellesi dosous' erchomai nikeforon / Agete me tan Ilion kai Frygon heleptolin"* (Iphig. Aulid., 1473-1476).

111) T. Livio, *"Ab Urbe condita"*, VIII, 9.

Aura Buzescu, a actriz que interpretou "Ifigénia"

Racine, o qual faz dizer à sua Ifigénia: "*e as sentenças da sorte - querem que esta felicidade seja um fruto da minha morte [...] este campo tão glorioso, a que todos aspirais, - se o meu sangue não o regar, será estéril para vós [...] já empalidece Príamo. Já está inquieta Tróia - teme a minha fogueira.*"

Mas entre todas as expressões artísticas inspiradas

pelo mito, a que de uma maneira mais fiel e mais eficaz a reactualiza é, certamente, a *Ifigénia* de Eliade. E não podia ser doutra maneira, porque o autor romeno foi testemunha da devoção de uma geração inteira, respirou uma atmosfera saturada de espírito de sacrifício e reuniu pessoalmente declarações que manifestavam uma disposição espiritual "ifigénica". Encontramos traços desta nalgumas passagens das suas *Memórias*: "*Codreanu acreditava na necessidade do sacrifício, pensava que cada nova perseguição só podia purificar e reforçar o movimento. [...] Codreanu morreu sem dúvida, como tantos outros legionários, convencido que o seu sacrifício precipitaria a vitória do movimento. [...] Puiu Gârcineanu repetia-me [...] que o fim supremo do movimento não era a redenção individual por um eventual mártir, mas sim 'a ressurreição da nação' realizada graças a uma saturação de torturas e de sacrifícios sangrentos. O único acontecimento em massa, que nega rotundamente o lugar-comum da não-religiosidade do povo romeno (o único povo cristão que não tem santo, algo que não deixam de nos recordar) foi a atitude de vários milhares de romenos em 1938-39, nas prisões e nos campos, perseguidos ou livres*".

Essa foi pois a reactualização do mito de Ifigénia. Mas, se semelhante mito conheceu entre 1939 e 1941 uma "*epifania autêntica e espontânea*" qual foi especificamente o papel de Eliade? A resposta é-nos discretamente sugerida pelo próprio escritor quando, a 16 de Março de 1974, escreveu no seu diário: "*estranha coincidência: recebi Ifigénia [Ed. "Manuscriptum"] enquanto escrevia uma novela cujos personagens são jovens autores que repetem um drama intitulado Incógnito em Buchenwald, um drama enigmático, onde o leitor apenas distingue o tema e o género; mas aos olhos dos personagens e sobretudo de Ieronim Thanase*

Mihail Sebastian

(director cénico na minha novela Uniforme de General*) o que é importante é antes de mais a transformação mágico-espiritual de todo o auditório."*

Incógnito em Buchenwald e *Uniforme de General* representam uma fase concreta da narrativa eliadiana: aquela na qual o espectáculo teatral é visto como uma forma de revelação e de exercício espiritual. Este tema encontra-se também na novela *Adio*, que segundo Nicolae Steinhardt *"é uma elegia legionária"*[112], bem como no romance *Dezanove Rosas* no qual cremos ter descoberto alusões crípticas à experiência legionária do autor.[113] Quanto a Ieronim Thanase, o personagem das novelas citadas por Eliade numa passagem do seu já citado diário, reaparecerá em *Dezanove Rosas* com algumas características (paralítico, rodeado de jovens discípulos) que fazem dele uma espécie de Julius Evola em versão romântica, mais ou menos como o "doutor J. E." de *Secretul Doctorului Honigberger* (*O Segredo do Doutor Honigberger*). Eliade, pois, diz que Ieronim Thanase procura a *"transformação mágico-espiritual"* do auditório; por outras palavras, quer reconduzir o teatro trágico à sua função catártica. Partindo de posições idealistas, mas partidário da necessidade de ir para lá do idealismo, Thanase ensina que cada acontecimento histórico não deve ser somente compreendido e justificado, mas sim sobretudo entendido como um símbolo e decifrado através deste, pois *"cada facto, cada alternância quotidiana comporta um significado simbólico e ilustra um simbolismo primordial, metahistórico, universal…"*[114]

É evidente que no personagem de Ieronim Thanase não encontramos somente Julius Evola, mas também o próprio Mircea Eliade - o Eliade evoliano dos anos 30 - de maneira que podemos pensar que no que diz respeito à acção espiritual que Thanase quer exercer sobre o público esta é válida também para o autor de Ifigénia.

A acção mágico-espiritual desse drama desenvolve-se

---

112) N. Steinhardt, *Jurnalul fericirii* (O Diário da Felicidade), Dacia, Cluj, 1994, p. 368.

113) C. Mutti, Mircea Eliade e la Guardia di Ferro, Edizioni all'insegna del Veltro, Parma, 1989, pp. 47-55.

114) M. Eliade, Diciannove rose, Jaca Book, Milão, 1987, p. 83.

segundo o paradigma da grande tradição trágica, porque *"suscitando piedade e medo, opera-se a purificação [Katarsis] de sentimentos similares"*[115]. Mas, de igual modo, a mesma função catártica atribuída à tragédia vem a inscrever-se na tragédia espiritual legionária: aquela que Codreanu designou, mais do que uma vez, recorrendo a termos e a imagens correspondentes a uma verdadeira *"grande guerra santa"*.

---

115) Arist., Poet. 1449 b.

Os Nicadori
Nicolae Constantinescu, Ion Caranica e Doru Belimace

www.ingramcontent.com/pod-product-compliance
Lightning Source LLC
Chambersburg PA
CBHW021956170726
47994CB00021B/791